U0031603

京都怪奇談

怪談和尚の京都怪奇譚

三木大雲
林以庭 譯

目次

第三章——〇七七

輪迴

第六章——一九一
京都的黑暗

前言

大約在三十年前的一個夏夜。

那是一個沒有電風扇又炎熱潮濕的日子。

我家是京都的一座寺廟，一到晚上就會籠罩在神祕的寂靜之中。

熟睡的我只在胸前蓋了一條毛毯，雙腿都伸到了外面。

「我想要腳。」

忽然，我聽見有人在我耳邊低語。下一秒，一雙冰冷的手抓住我的腳踝，把我慢慢地往外拖，連我的頭也跟著從枕頭上掉下來了。我立刻往腳邊一看，卻沒有看見任何人影。

這是我小時候第一次經歷的靈異事件。「因為鬼沒有腳，所以祂才想要腳嗎？」年幼的我是這麼想的。

第二次體驗也差不多是在這個時期。

我成長的寺廟有一間面向庭院的廁所。某天晚上，我一個人去完廁所，正準備回房間的時候，一隻看起來跟獅子差不多大的巨貓在庭院裡看著我。牠有一雙灰色的眼睛，面無表情地盯著我，彷彿牠隨時都會朝我撲過來，當時我一看到就嚇得在走廊上拔腿狂奔。直到現在我還記得自己當時的心跳聲如雷作響。

所以，小時候我最害怕的就是貓，甚至不敢靠近牠們。現在回想起來，也說不清楚那究竟是夢還是現實。

從東京的佛教大學畢業後，我在各個寺廟裡累積了修行經驗。我作為家中的次子，是沒有寺廟可以繼承的。於是，我主要是在晚上的公園布道佛教，對象則是一些在公園遊蕩的年輕人或暴走族。如果一開頭就講述佛法，當然不會有人想聽，所以剛開始我講的都是鬼故事。

「我講個很～恐怖的鬼故事給你們聽吧。」當我這麼一說，他們就會很感興趣地聚集到我的身邊。

不知不覺中，他們遇到事情就會來找我商量，有些人現在甚至還跟著我一起誦經呢。

布教一段時間後，因緣際會，我成了日蓮宗光照山蓮久寺的住持。或許是因為京都流傳下來許多神祕的民間故事和傳說，我也開始收到一些不可思議的委託，經歷了不可思議的體驗，其中幾個故事也寫進了這本書中。

不久後，我作為一個鬼故事的說書人，開始出現在電視節目和廣播節目中。

不過，一名和尚講鬼故事的行為也引來了不少批評。儘管如此，我還是繼續講鬼故事，這是有原因的。

因為我會擔心，如果不再有人相信肉眼看不見的神祕事件，那這個世界豈不是會變得枯燥又乏味嗎？受到不明確的資訊影響而產生動搖固然危險，但我認為也不能就這樣全盤否定。

「人一死就什麼都沒有了。」這觀念會改變我們祭祖和喪葬的形式，最終佛教的思想本身也會消失。聽我布道的那些年輕人現在會出現在寺廟裡，也絕對不是因為他們沉迷於靈體，而是因為他們開始從無形世界的角度看向我們現在生活的這個世界。

要不要相信這本書所記載的京都怪奇談，由各位讀者自行判斷。但是，看完這本書，或許會讓你的生活方式、思維及生死觀產生變化。

第一章

恐怖

佛教有句話：「色即是空，空即是色。」簡單來說，「色」就是肉眼可見的東西，「空」則是看不見的東西。換句話說，「存在的事物可以是看不見的，肉眼看不見的事物可以是存在的。」再換另一種說法，「有形亦無形，無形亦有形。」例如「心」，每個人都有，但如果要你展現出來，卻沒有人做得到，也就是無形的。不過如果你問人有沒有心，那當然是有的。

在現代社會中，人們往往認為看不見的東西就是不存在的，看得見的東西都是從無到有的。所以，如果不珍惜看不見的東西，那就永遠無法孕育出美好的事物。此外，也要從看得見的東西中感受到看不見的東西，並牢牢記住這些事物的重要性。

人死後並不會完全消失，只是化為一種無形的狀態，但他們的存在永遠不會消失。

俺俺詐騙

一對母子來到寺廟求助。

「我想和你商量一下我兒子的事情。」這位母親滿臉憔悴地說。

據她的說法，她的兒子涉嫌「俺俺詐騙」[1]遭到逮捕，最近剛出獄。

經常會有父母到我的寺廟來求助如何和誤入歧途的孩子相處。不過，這次的求助內容卻截然不同。接下來的故事是本人親口說的。

「我為了要找人詐騙，所以先到鄉下弄了一本電話簿。這裡的年輕人有很高

1 俺俺詐騙，偽裝是被害人的親友打電話說「是我啦，我啦！」，騙取對方信任，以臨時需要錢的名義，請對方匯款。

機率因為工作的關係而離開住在鄉下的父母。如果父母跟孩子住在一起的話，這種類型的詐騙就不容易成功。

接著，我打電話給好幾戶人家，在電話裡冒充對方的兒子。其中一戶人家輕而易舉就中計了，當天立刻轉帳三百萬日圓的巨額給我。

賺了一大筆錢後，我回到自己一個人住的公寓，喝著啤酒慶祝。

當時，電視上恰巧在播放一則搶劫案的新聞。

○○縣○○町，一名女子持刀闖入一戶人家，刺死住戶並搶走三百萬日圓。此外，新聞還提到住在那個鎮上的女子遭到警方通緝。

之後，女子回到家中，用她作案的那把刀劃開自己脖子自殺了。

我當時看到這則新聞，還在心裡嘲笑這個犯人。我同樣是把三百萬日圓拿到手，卻沒有殺害任何一個人。不禁覺得自己很有這方面的天賦呢。但是，我突然留意到一件事。

搶劫案發生在○○縣○○町，跟我打詐騙電話的對象是同一個地方。而且，新聞上搶劫的金額是三百萬日圓，我收到的轉帳金額也是三百萬日圓。凶手是一名女性，接我電話的人也是一名女性。

想到這裡，我忽然感到很害怕，但人又不是我殺的，不是我的錯。為了擺脫生平第一次感受到的罪惡感，我灌了很多酒後就趕快鑽進被窩。

也不知道過了多久，大半夜的，突然聽到有人用力拍打著我公寓的門。

我本能地覺得是警察，但奇怪的是，我並沒有想著要逃跑。我實在是喝多了，根本沒有力氣走去開門，所以我還是繼續睡在被窩裡。接著我聽見一聲巨響，門開了。不知道為什麼，我還能很冷靜地想著：『大概是警察破門而入了吧。』

『警察！』我聽見有人大喊了一聲，我也就放棄抵抗，慢慢坐到被窩上，伸出雙手，結果一雙冰冷的手緊緊地抓住了我的雙手。這時候我才第一次抬起頭看了警察的臉。」

說到這裡，他忽然將蒼白的臉湊近我，低聲說道：

「那個人根本不是什麼警察。是一個脖子斷了一半，腦袋快要掉下來的女人。她還向我大聲地咆哮：『我是不會放過你的！』」

接著，他開始向我訴苦。

從那天起，他每天晚上都會夢到這一幕，飽受惡夢糾纏。

雖然他有供養那位去世的女性，但目前正在住院治療，據說至今依然很害怕女性的亡靈。

打工

「我身上有沒有跟著什麼東西呀？」

常常有人會問我這個問題。不過，我和電視上的通靈師不一樣，我並不是想看就能看見靈體。倒不如說，「有時候會不小心看見不想看見的東西」這句話更準確。

不僅是我，那男孩也是其中的一人。

我們寺廟在每個月第一個星期日會舉行佛學講習會。他總是會出席，但某一天起，他就再也沒有出現過了。

因為他是一個人生活的大學生，我很擔心他會不會出什麼事了，所以去了他住的公寓。一到他的住處，這孩子一臉憔悴地出來迎接我。

「才一陣子不見，你瘦了好多啊。你有好好吃飯嗎？」

「我有好好吃飯啦，只是最近打工太忙了。」說完後，他便邀請我進屋坐坐。

他說今天還有一些時間可以聊聊，於是我關心了一下他最近開始兼職的工作。接著，我就發現整件事相當奇怪。

他的目標是成為一名漫畫家，所以一有空就會去附近的公園畫畫風景或人物。前陣子他一如往常在公園畫畫時，一名男子看了他的畫，便向他搭話。

「這個坐在鞦韆上的小女孩是誰？」那名男子指著他的畫問道。

「就是現在坐在鞦韆上的那個小孩呀。怎麼了嗎？」

雖然覺得對方問的問題很莫名其妙，但他還是如實回答了。

接著，男子誇了他一句：「太棒了，你很有天賦呢。」不僅如此，對方還熱絡邀請他，「來我家打工畫畫吧。」對他來說，沒有什麼事比自己的畫作受到讚賞更令人高興，於是他便接受了這份兼職工作。

這份打工的酬勞高達時薪一千二百日圓，工作內容是承租一間老舊獨棟住宅，畫出屋內的樣子。不知道出於什麼原因，工作時間是從晚上九點到早上五點。只要能靠畫畫賺錢，不管工作內容再怎麼古怪都能接受，所以他第二天就立刻上工了。

「那很好呀。」我打從心裡為他高興，也請他讓我看看他的畫。然而看到畫的瞬間，我全身都起了雞皮疙瘩，因為那些畫作非常詭異。

我壓抑著內心的恐懼，決定去他打工的那棟房子看看。

那棟房子雖然相當破舊，但也不到不能住人的程度。我沒有鑰匙，所以沒辦法進去裡面一探究竟。但當我走到玄關門前時，我感受到人類迴避危險的本能在告訴我：「千萬不能進去。」於是，我馬上就離開了。

接著我轉往那個雇主所在的地址看看，原來是一家房地產公司。我決定直接進去見他的雇主，和對方談一談。

雇主就是這家房地產公司的社長，本來不是很樂意聽我打探那棟房子的事，直到我拿出名片，他的態度一下子就變了。

「原來您是法師啊。那就沒辦法了，只好把所有事情告訴您。」

社長開始說起這份兼職工作的真正目的。他的目的主要有兩個。

其實，最近有一位老婦人在那棟房子裡上吊自殺了，而根據日本法律規定，出租方有義務向下一位承租方告知事實。

但只要有一個人先承租過了，就不需要再向後面的承租方提起這件事。

於是，他雇用那名大學生承租那棟房子，一邊繼續尋找下一個租客。

而另一個目的則不是社長有意的，他只是在公園散步時，恰巧碰見那名大學生在畫畫。仔細一看，發現大學生畫出了根本不存在那裡的人，一問之下才知道他是「看得見的人」。社長看中大學生的靈異體質，便雇用了他。之所以會挑上擁有靈異體質的他，是因為可以透過他的畫來判斷房子裡的鬼是否離開了，免得下一個租客看到鬼而大驚小怪。

社長答應我會把一切告訴那名大學生，並讓他辭去這份工作。就在我鬆了口氣，準備離開房地產公司時，社長有些尷尬地問我。

「那個，您是怎麼發現事情不對勁的呢？」

「因為那孩子給我看了他在那棟房子裡畫的作品，畫裡面有個上吊的老太太一直盯著他看。看樣子，他是看見了不應該看見的東西。」

後來，失去兼職工作的那名大學生來了寺廟。

「我事後看到自己在那棟房子裡完成的畫，我也嚇壞了。」據說他幾乎不記得在那棟房子裡發生的事情。

失蹤

據說日本每年的失蹤人口超過十萬人。雖然其中一部分人是出自個人意志離家出走的，當然也有很多人不是這樣。接下來要講的故事，是關於非個人意願變成失蹤人口的人。

小學六年級的伸明到了晚上七點遲遲沒有回家，擔心的父母著急地打電話給班上的其他同學，但四處都問不到伸明的行蹤，所以向警方提出了搜索申請。不久後，警方傳來消息，說是發現了小孩子的腳踏車，父母一聽急忙趕到現場。

尋獲腳踏車的地點位於離住宅區有點遠的一戶人家門前。其實這戶人家最近發生了全家自殺的慘劇，丈夫殺害妻兒後，自己也上吊自殺。事件發生後，該戶人家就拉起了禁止進入的封條。警方徹底搜遍附近地區，卻找不到任何關於伸明下落的線索。

第二天，這對父母一大早就被找去警察局。同樣在警察局的，還有伸明的兩個朋友，他們一邊哭一邊道歉。

「我們對伸明昨天的情況稍微有點了解了。」警方表示。

事發當天，和伸明一起玩耍的就是這兩個朋友。聽說那戶人家全家自殺的事件後，三人決定騎腳踏車過去試試膽量。他們將腳踏車停在那戶人家門口，三人一起鑽過禁止進入的封條，進到屋內。這時，伸明提議：「我們來比比看誰的膽子最大。」

兩個朋友聽了之後紛紛表示：「好可怕，還是別玩了吧。」伸明卻說：「我先做個示範給你們看。」說完，他抓住天花板上垂下來的繩子，開始用力搖晃。這時，伸明的腳撞到一旁的佛壇，原本放在裡面的牌位掉了出來。另外兩人都嚇壞了，立刻飛奔到屋外。可是伸明卻遲遲沒有出來，兩人在外面叫了他好幾聲，依然毫無動靜，後來他們實在太害怕了，便騎著腳踏車離開。之後，兩人擔心跑進那間房子的事如果被發現了會挨罵，所以一直沒說出口。

警方調查那間房子的內部後，確實發現三個人的鞋印和幾塊散落的牌位，但還是沒有任何足以找到伸明的線索。經過這一天的搜索，伸明依舊下落不明。

事發三天後，這天下起了滂沱大雨。到了傍晚，當天的搜索快要結束時，這對父母終於接到警方的電話：「找到一名疑似伸明的男孩了。」他們立刻前往警察局，眼前的人看起來疲倦不堪，但確實是伸明沒錯。一見到父母，伸明像是鬆了一口氣，開始嚎啕大哭。

伸明是在京都和奈良兩地交界處被發現的，附近的居民看見這個男孩在雨中不撐傘漫無目的地行走，便先讓他上車。

等到伸明平靜下來以後，問他去了哪裡，他只回答：「什麼都不記得了。」不管怎麼問，就算告訴他「不管說什麼都不會罵你」，他也都是說在那個房子裡抓著繩子玩以後的事情都不記得了。

事情發生後，他的父母來找我尋求協助，畢竟孩子在全家自殺的凶宅玩耍過，希望我能幫忙淨化一下。其實，我沒有告訴伸明和他的父母，自殺的那家人來自奈良縣。搬到京都以後，工作不順遂，所以才發生了那樣的憾事。或許是那個家庭的某個人忘不了在奈良縣的幸福生活，所以借用伸明的身體回到故鄉了吧。

背部的疼痛

一名男子突然感到背部疼痛，所以去了醫院檢查，但身體並沒有檢查出任何異常，也不知道是什麼原因。但他背部的疼痛一天比一天劇烈，最後甚至連要站起來都很困難。

於是他又去另一家醫院檢查，但依然沒有檢查出疼痛的原因。

從醫院回家的路上，男子搭了計程車。在車上，司機透過後照鏡頻頻看了男子好幾眼。「這個司機有夠令人不舒服。」雖然心裡這麼想，他還是忍耐一路到家。抵達家門口時，司機有些面露難色地說：「希望您不要介意我說這種話，但我建議您要去除靈一下。」男子一聽到馬上就發火了，厲聲說道：「你是在說什麼？為什麼我要去驅什麼邪？」

「您身體沒有哪裡不舒服嗎？」對方卻如此反問。男子一聽，不高興地說：「那是因為你看到我從醫院裡走出來時身體很不舒服的樣子吧。驅什麼邪，少胡扯了。」然後就下了計程車。

過了幾天，男子聽說附近有個溫泉可以治療身體的疼痛，就去了一趟。他泡在溫泉裡時，一位後面進來的老人問他：「你是不是身體哪裡不舒服啊？」男子一臉納悶地回答：「我是因為背很痛，所以才來泡湯療養的。」老人卻接著說：「你的背痛在溫泉或醫院是治不好的，去寺廟驅個邪吧。」

碰到第二個人跟自己說相同的話，男子開始感到害怕，就來到了我們寺廟。老實說，他突然要我幫忙除靈，我連原因是什麼都不知道，也不知道要從哪裡開始除靈，但我還是先為他進行誦經淨化。當我誦經時，耳邊傳來了一個男人的聲音：「〇市〇〇町的森林裡。」誦經結束後，我詢問男子對這個地點有沒有頭緒。他告訴我，那是老家所在的地方。而且，附近還有一座〇〇山公園，面積大到說是森林也不為過。那是一座以刑場遺址聞名的公園，所以我也很熟悉。總之，我們兩個人決定一起去那座公園看看。

公園入口離大馬路有段距離，路燈不多，兩旁聳立著許多大樹，有種陰森森的感覺。從入口延伸的路是坡度平緩的上坡。當我們沿著坡道慢慢往上爬時，男子開始大聲哀嚎背很痛，忍著疼痛再往前走了一段路後，他表示疼痛變得更加劇烈了。附近剛好有一張長椅，我們決定先坐著休息一會兒。

但是男子背部的疼痛絲毫沒有好轉，不僅沒有獲得舒緩，反而痛得更厲害了。

「我們今天就先回去吧。」我說，但他說自己實在痛得站不起來。那時天色有點晚了，公園裡一個人都沒有。我心想等到天黑就不好了，當機立斷，「我去找人來幫忙。」正要下坡的時候，我突然聽見一個聲音迴盪：「虧你知道這個地方呀。」

「咦？」我們兩個人同時愣住了，男子覺得背痛的原因可能就在這附近。我四處張望，只看見很多棵大樹，沒有別的了。然而，就在我環顧四周時，我的目光突然停在其中一棵樹上。

「樹上有東西。」我發現似乎有個東西不自然地附著在那棵大樹上。走近一看，竟是個草人，胸口插著一根很粗的釘子。我膽戰心驚地試圖拔出釘子，出乎意料的是很輕易就拔起來了。接著，男子突然站直身體，說他不痛了。

後來，我把草人帶回寺廟裡仔細查看，發現上面畫了一張臉，而身體的部分寫著那位男子的全名。

儘管男子說他不記得自己做過什麼要被這樣對待的事，但他可能在不知不覺中得罪別人了吧。

雖然我沒有聽說過用草人詛咒別人的方法，但這還是我第一次見到效果如此顯著的東西。除此之外，計程車司機和泡溫泉遇到的老人是怎麼注意到這件事的，至今仍是謎團。

靈異景點

據說京都的寺廟大大小小加起來數量超過二千六百座。這麼一推算，墳墓的數量自然會遠遠超過這個數字。或許就是因為這樣，京都有很多地方被稱作靈異景點。

接下來要講的是關於京都靈異景點的故事。

某個夏天的夜晚，我在附近的便利商店買東西時，久違碰見三個高中時期的朋友。他們三人打算去兜風，目的地是京都郊外的靈異景點，他們說如果有法師結伴同行會讓人更放心，所以我就跟著這幾個老友一起去了。

這一天，我們的目的地是離京都市區很近的一座神社。

晚上九點，天氣還不錯。京都的氣溫特別悶熱，晚上總會熱到讓人難以入睡。在這種環境下，包括我在內總共四個男人，搭著朋友A開的車子出發了。

京都郊外，通往神社的路很寬敞，足以讓兩台車來往，但我們決定把車停在前面，步行前往神社。

沿途一盞路燈也沒有，只有月光。儘管是夏天，但過了晚上九點就已經是漆黑一片。

我們沒有帶手電筒，只能仰賴手機附帶的手電筒功能。雖然是一條鋪好的道路，但處處明顯的裂縫令人有些毛骨悚然。

周遭有幾間閒置的民宅，應該是昭和中期建造的，看起來沒有那麼老舊，但每一間都十分荒涼。沒錯。這是一條滿是廢墟的廢棄街道。

至於為什麼這裡會變成廢墟，我就不清楚了。但往廢墟裡一看，會發現桌上擺著碗盤和餐具，電視也原封不動地放著，彷彿只有人類從這段日常生活中消失了。這就是另一個讓人感到害怕的地方。

我的朋友們一邊用手機的燈光照亮通往神社的廢墟街，一邊嘻嘻哈哈地說

「好像有什麼東西在動」或「似乎有什麼聲音」。雖然這樣的行為有點令人不愉快，但我還是繼續往前走。

大約在距離走到神社還有一半路程的時候，負責開車的A突然說：「我們折回去吧。」

另外兩個人半嘲笑似的駁回他的提議。

我問A為什麼想調頭，他只說：「我不想去了。」我意識到A所感受到的恐懼非同尋常，便以擔心為由，提議先將他帶回車上。

另外兩個人也很為難，不知道該怎麼做才好。畢竟他們不希望人數就這樣減少了。

就在這個時候，所有人的手機燈光在沒有任何徵兆的情況下全滅了。我們四個人同時叫出聲來。不過，冷靜下來想一想，這也是滿正常的。大部分具備手電筒功能的手機為了省電，都有防止忘記關燈的功能，過了一定時間就會自動關閉。

我們四個人都注意到這一點，笑著再次打開手電筒的瞬間，一支手機響了。昏暗的廢墟街中響起了「嗶嗶嗶」的電子音。好像是A的手機響了，紅燈閃爍表示有來電。

就在這個時候，A表情緊繃地大喊：「我們回去啦！」撒手一丟，把手機扔得遠遠的。然後抓起我的手，沿著原路回頭拔腿就跑。

A一坐上駕駛座立刻發動引擎，我們幾個也急急忙忙地坐進後座。

看見平時沉穩的A居然一聲不吭地扔下自己的手機扭頭就跑，讓我感到很驚訝。其他兩位朋友似乎也有同樣的想法，車內一片寂靜，只有粗重的呼吸聲。

車開不到十分鐘，開始看見市區的燈火了。

為了讓A冷靜下來，我提議到附近的家庭餐廳坐坐。

點完所有人的冰咖啡後，咖啡很快就端上桌了。

「哎呀～好累啊，好久沒這樣全力衝刺了。」我開玩笑地說，其他兩個朋友也跟著附和，「我本來就跑不快，真的吃不消啊。」這種輕鬆的氛圍似乎讓A的心情緩和了一些。

等A稍微平靜下來後，他才緩緩開口說出剛才究竟是怎麼一回事。

當我們抵達廢墟街，開始往裡面走時，他就感覺到有什麼東西在注視著我們。他壓抑住內心的恐懼，繼續往前走，不久後他的手機震動了一下。

他打開手機查看，發現收到了一封簡訊。簡訊的寄件人上寫著〇〇町，內容則是：「不准擅自闖入。」

他以為是有人傳錯了，就沒放在心上，收起手機繼續往前走。走著走著，經過一根電線杆時，赫然看見上面貼著類似城鎮名稱的東西，結果上面寫的就是簡訊寄件人的〇〇町。這時，他就提議要調頭了。

在那之後，設定成靜音模式而不可能發出聲音的手機突然響起鈴聲，讓他立刻丟掉手機，拔腿狂奔。後知後覺的我們聽到這裡才開始怕得發抖。

討論後，我們相約隔天白天再回去找那支扔掉的手機，便各自回家了。

第二天，上午九點左右，我們原班人馬再次站在廢墟街的入口處。

走到手機響起的地方時，我看了看電線桿，跟A說的一樣，上面寫著〇〇町。應該就是這個小鎮的名字吧。

雖然我們找遍附近區域，終究沒有找到A的手機。A也說不用再找，於是我們一群人就這麼撤了。在那之後，那支手機至今一直沒有被找到。

我想，或許對〇〇町那些看不見的居民來說，那裡是不可侵犯的，而當時的我們卻擅自闖入了祂們的領地。

藉這個故事，在此奉勸大家不要抱持著好玩的心態隨便闖入靈界的領地……

在佛教中，有個詞叫做「四有」，是描述人類輪迴轉生的過程。

在母親懷胎的那一瞬間，稱為「生有」，人的一生就從這裡開始。所以，按照佛教的說法，嬰兒出生時已經過了十個月又十天，所以算作是一歲。這就是為什麼虛數會多一歲的由來。

其次，當我們存在於這個世上，稱為「本有」，死亡的瞬間則稱為「死有」。而在輪迴重生之前，也就是死後的世界，被稱為「中有」。

「中有」是一個只存在四十九天的世界，第四十九天「已度過中有」，也稱作「滿中陰」。之後，再次進入「生有」，並重複這個過程。雖然將滿中陰定義為四十九天，但這種計算時間的方式是以人間的時間觀念換算的。還有一種說法，在四大天王存在的神祇世界中，「神界一日，人界五十年」，度過「中有」所需的時間或許比我們想像的更長。

無論如何，即便肉體死亡，人的靈魂也會永存下去。我在書中介紹的故事，可能就是「中有」的居民們出現在「本有」的世界裡也說不定。

第二章

怨靈

《妙法蓮華經》的經文中，有一句話叫「還著於本人」。顧名思義，就是「回歸到本人身上」的意思。那究竟是什麼東西會回歸到本人身上呢？簡單來說，如果有人對他人施加詛咒或發出怨恨，這些念頭將會還諸於本人。

當我遇見可怕的事情時，我會條件反射地念誦：「南無妙法蓮華經、南無妙法蓮華經。」或許有人在我不知情的情況下對我懷恨在心，所以我會懷著歉意念誦。如此一來，我那因為恐懼和不安而緊繃的心就會輕鬆一些。也可能是那些念頭又回歸到本人身上了。

當然，我們本來就不應該做任何會引起他人怨恨或憤怒的事情。然而，在日常生活中，我們無意間的行為都有可能會讓別人懷恨在心，有些出於好意而做的事情反而會惹惱對方。因此，我們必須非常謹言慎行。

但在佛教的觀念裡，憤怒是最糟糕的事情。這是一條非常嚴格的戒律，哪怕是對方的錯，也絕對不能被憤怒所束縛。原因正如我之前所提到的，不好的想法最終會回歸到自己身上，導致自己必須承受痛苦的結果。

不只是活著的我們需要面臨這條戒律的考驗。有些靈魂在死後也因為持續對別人懷恨在心、詛咒他人，遲遲無法成佛而飽受煎熬。

不認識的人

「我做房地產很多年了，第一次碰到這麼嚴重的情況。」房地產公司社長仲谷帶著驚恐的聲音如此說。

他身旁是一對帶著三歲小孩的年輕夫妻，這對夫妻在購入新建的獨棟住宅後，就發生了事件。

聽完這對夫妻描述後，我覺得仲谷會感到害怕也是合情合理的。

這位妻子臉上掛著黑眼圈，感覺已經很多天沒睡好。她用一種像是怪談師的語氣開始說道。

「家裡有不認識的人。」孩子說的這句話是整起事件的開端。剛開始，我並沒有把兒子的童言童語放在心上。但從這天起，開始發生了奇怪的事情。

兒子獨自在兒童房裡玩耍時，突然傳來了嚎啕大哭的聲響。我慌慌張張地衝過去把孩子抱在懷裡問：「怎麼了？沒事沒事。」孩子卻哭著對我說：「叔叔過來捏了我一下。」

還有一次是在我們看電視的時候。他突然對著空無一人的方向說：「這個好好笑。」當我問：「你在跟誰說話呀？」兒子竟回答我：「哥哥。」

這實在是無法讓人不在意，那天老公深夜回家後，我就和他討論了這件事。

「小孩這樣很常見啊。」老公不以為意地說。所以我決定再觀察幾天。但是，接著發生了一件不能置之不理的事情。

那天晚上，老公半夜十二點多才到家。他習慣到家時看看孩子的睡臉，所以就去了兒童房。

「喂！怎麼了？你沒事吧？」我一聽見他大喊，連忙趕過去看，發現兒子躺在床上，臉色蒼白，痛苦得手腳不斷抽動。

老公將孩子抱在懷裡安撫，問他發生了什麼事。兒子的聲音明顯因為恐懼而顫抖：「奶奶爬到我身上掐住我的脖子。」

「我被掐住脖子的時候，姐姐過來阻止奶奶，奶奶卻不肯停手。」說到這裡，他又開始哭了起來。

過了一會兒，哭累的兒子終於在老公的懷裡睡著了。我們兩人便討論著明天要帶兒子去醫院一趟，突然，砰的一聲，兒童房的門自己關上了。

緊接著，又哐啷一聲，廚房的餐具掉到地上摔碎了。

被聲音嚇醒的兒子又哭了。他惶恐地指著好幾個地方說。

「叔叔跟奶奶快住手啊——」

「姐姐快點逃啊——」

「哥哥救命啊——」

砰！咣噹！咚咚！衣櫥、櫃門、椅子和桌子都在自己移動。我們夫妻倆完全沒有辦法理解當時是什麼情況。

和老公對視的瞬間，他立刻大聲喊道：「快去外面！」

說到這裡，這位妻子或許是想起了當時的情景，手不停地顫抖著。她的丈夫開口接著說下去，

「外面和平時一樣，是個安靜的夜晚。在那個安靜的夜晚，我們剛買的新家不斷傳出不知道是誰把東西又扔又砸的聲音。從那天起，我們就一直住在父母家。」

第二天，我和仲谷兩個人一起去了那棟房子。當然，是為了除靈。誦經的準備作業進行到一半時，仲谷有些猶豫地靠過來低聲說道，

「這件事發生後，我去查了一下以前是不是發生過什麼事，結果找到了在建造這棟房子之前的事。」

聽說這裡以前住著一位老奶奶。她的兒子與妻子離婚後，帶著兩個孩子回來住。但她的兒子只要一喝酒就會發酒瘋，看不下去的老奶奶趁著兒子睡覺時把他

掐死，最後放火燒了房子。老奶奶的孫子和孫女也葬身在這場大火中，最後她跟著自殺了。

即便現在已經過世，或許他們還承受著生前的痛苦也說不定。聽完這個故事，我持續為這一家人供養了好幾天。

大約一年後，我看見一個新家庭搬進去了。

紀念品

「我想麻煩你幫這個娃娃除靈。」一名男子過來時，向我這麼說。

這名男子三十九歲，正好和我同齡。和我比起來，他身上穿的衣服和配戴的手錶都是相當高級的款式。當我問到他在哪裡高就時，他告訴我，他是某家一流貿易公司的區域經理。我不太清楚區域經理這個職稱是什麼樣的地位，但在和這名男子交談的過程中，大概能感受得出他算是年紀輕輕就出人頭地了。

「那請把娃娃拿出來給我看吧。」我說。不過，他並沒有拿出包包裡的娃娃，而是說：「可以先聽我說嗎？」我點了點頭，接著他用厚重的低沉嗓音娓娓道出事情的來龍去脈。

我有個朋友叫三浦，他是我以前的同事，這個娃娃就是他給我的。我會說「以前」是因為我們是同個時期進公司的，但後來他在我的手底下工作。有一次，他利用特休請了長假去海地旅行。到了當地，他還打電話問我：「你想要什麼紀念品呀？」當時我因為身體不適住院，這通電話是內人替我接的。一聽說我住院了，他很驚訝地說：「我馬上回國。」我告訴他只是單純過勞，一週左右就能出院，要他別太擔心，但他還是趕在我出院之前來到了醫院。而且，他還在當地買了一個幸運娃娃，希望我能盡快好起來。他告訴我，這是一種把動物的皮鞣製後縫成的娃娃，是非常珍貴的東西。說實話，我第一眼看到那娃娃的時候其實覺得有點毛骨悚然，但我很高興他有這份心意，就把娃娃擺在病房裡了。

然而，我的病情一天比一天嚴重。原本預計一週後就可以出院，結果過了一個月也不見好轉。有一天，內人突然說：「這個娃娃有種讓人不舒服的感覺，你病了這麼久會不會就是因為這個呀？」我以為她是因為陪病時間太長，人有點累了，才怪罪到娃娃頭上。如果能安撫她的情緒倒也無所謂，我就讓她把娃娃帶回家去。

說來也巧，自從那個娃娃從病房裡消失以後，我的身體一天天好轉，終於可以出院了。出院後，時隔許久去了公司，見到三浦，他很吃驚地反覆跟我確認：「康復了嗎？真的痊癒了嗎？」我便禮貌回應他：「多虧你送的娃娃，我才能夠康復，謝謝。」

然後他什麼也沒說就走了。

說到這裡，男子才從包包裡拿出娃娃，放到桌上。

看到娃娃的那一刻，我立刻建議他將娃娃燒毀（置入火中供養）。我會這麼說是因為我知道這個娃娃具有特殊的意義。

但這名男子卻說，這是很重要的朋友送給他的紀念品，所以「不忍心燒掉」。

畢竟男子的身體現在也沒有什麼異常，於是我將娃娃淨化後就還給他了。當我試圖解釋：「其實這個娃娃是……」男子打斷了我的話，他說：「這是我朋友送給我的珍貴娃娃，我想繼續珍惜下去。」我便不好再多說什麼。

當男子要離開時，我問他：「三浦先生現在過得好嗎？」他告訴我：「他說要去旅行以後就人間蒸發了，但我相信他一定在某個地方過得很好。」說完便有些落寞地離去。

在海地，有一種會帶來好運的娃娃叫做「巫毒娃娃」。然而，有一些巫毒娃娃具有相反的效果。也有傳聞說是被白人壓迫的黑人奴隸為了報復而製作的，相當於日本的詛咒草人。

這次的情況，或許是三浦先生嫉妒同事出人頭地才這麼做的。

我由衷希望那個娃娃從今以後會是個幸運娃娃。

打錯電話

某間醫院的醫生委託我，希望我去見一位正在住院的年輕人。偶爾會有人向我尋求心理諮詢方面的幫助，所以我以為是類似的情況。

據醫生的說法，這位年輕人一到深夜精神就會變得很不穩定。

於是我選在深夜去探望他，也撞見了年輕人異常的樣子。

「對不起，對不起，對不起，對不起……」

他不知道對著什麼邊哭邊道歉。而且，他哭泣的模樣看起來更像是害怕得渾身發抖。

醫生說，他之所以變成這樣，似乎是因為一通打錯的電話。

醫生從年輕人口中聽見的情況是這樣的——

有一天，他的手機接到了一通陌生來電。

「你好，請問是田中先生嗎？」

「不是，你打錯了。」

「你明明就是田中。」

「我不是。」

然後電話就突然掛斷了。他心想，對方打錯電話還這麼沒禮貌，真過分。

第二天，同一支號碼再次打來了。

「喂？」

「你是田中吧。」

「我不是。」

這次換他主動把電話掛斷。不一會兒，電話又打來了。

到了這種程度，他已經不覺得這是打錯電話，而是惡作劇電話了。他語氣強硬地說：「夠了吧！別太過分了！」

接著，對方回答：「你就是田中啊。」

「什麼？」

「你只是沒發現而已，你就是田中。」

「你在胡說八道什麼。」

「你就是田中浩司，絕對沒錯。」

「我會報警的。」他說完就掛斷了電話。

因為有通話記錄，他便交給警方並說出事情的來龍去脈。

「你沒問題吧？這個手機號碼沒有人在使用耶。」

「咦？不可能啊。我手機裡都有通話記錄。」

「我是不知道你用了什麼方法啦，你請回吧。」

怎麼可能會有這種事。他懷著焦慮和不安回到家中。

這一晚，同一個人又打電話來了。

「喂？」

「你是田中浩司吧。」

「你行行好，放過我吧。我真的不是田中。」

「我知道啊……你是鈴木吧。」

「什麼？」這一瞬間，他國中時期的記憶翻湧而現。

（田中浩司是當時遭受霸凌而自殺的同學。）

「你該不會……」

「你這傢伙，終於想起來了嗎？」

這句話不是從電話裡傳來，而是從他身後傳來的。他一轉身，滿臉怒容的田中浩司本人就站在那裡。

怨念

那是發生在我當上住持沒多久時的事情。我接到一通諮詢電話，約好幾天後見面。

前來諮詢的人和我在通電話時的想像差不多，是名二十出頭的年輕男子。寒暄幾句後，他便開始講述諮詢的內容。

根據他的說法，他正打算和現在同居的同齡女友在年初結婚。不光是本人，雙方父母都非常高興。

接下來是他要諮詢的重點。

和現在的未婚妻交往之前，他有一位前女友，問題是這位前女友似乎在妨礙他們結婚。

原來如此，可能是出於人性的嫉妒吧。不管怎麼說，我建議他這種事應該要向警察諮詢，而不是來找我這樣的僧侶。

「警察不管這種事。」他回答，並詳細解釋了事情的原委。

「我覺得妨礙我們的不是前女友本人，而是她留下的一種執念。」

「執念？」

「是的。也許是她的執念，或是她的靈魂……」

「您的前女友不在人世了嗎？」

「不不不，她現在已經有新對象，而且上個月結婚了。我還受邀出席婚禮呢。」

這件事情聽下來很奇怪。要說哪裡奇怪，委託人本身就很奇怪，整件事沒頭沒尾又說不清重點。因此我請他把整件事整理好，再重新敘述一次。這一次，我才終於理解他要諮詢的核心部分。

整件事大致如下。

他在二十歲時交往的女友，因為個性不合而分手，幾個月後認識了現在的未婚妻並開始同居。

前女友當時一直認為這位未婚妻是兩人分手的原因，而懷恨在心。

得知前女友的想法後，他向她解釋，他是在兩人分手幾個月後才認識未婚妻的，與他們的分手原因毫無關聯。然而，前女友當時並沒有相信他的說詞。

又過了幾個月，他在街上偶然遇見前女友。那時的她已經有了新對象，也為過去的懷恨在心表達歉意。

再過一陣子，他收到了前女友的喜帖，儘管有些猶豫，他還是決定出席。

然而，在婚禮後的續攤聚會上，他卻從前女友的女性友人口中聽知一件令人驚訝的事。

在和他分手到交新男友的這段期間，她去了京都的某座寺廟，做了丑時參拜。

當下聽到這件事時，他心裡覺得不太舒服，但他並沒有太在意這種沒有任何科學依據，也不可能真的發生什麼事的詛咒儀式。

然而，在他和未婚妻開始同居不久後的一個晚上……

那天，他在家裡的書房做完工作時，未婚妻已經睡著了。因為雙方都有工作，想必她也很累了。她睡得很沉，能聽見她平穩的呼吸聲。

為了不吵醒她，他輕手輕腳地躺到床上。

就在這時，她突然坐起身，對他說：

「我一定會讓你遭遇不幸。」說完後，又像什麼事都沒發生一樣睡了過去。

那個聲音毫無疑問是他前女友的聲音。

隔天早上向未婚妻問起這件事，她卻什麼都不記得了。

了解一切後，我請這名男子與未婚妻一起前來祈禱。如今，他們已順利舉行完婚禮，過著幸福美滿的生活。

計程車

「我開車撞了人，因為實在是太害怕就逃跑了。」

一位私人計程車司機突然向我坦白，讓我難掩驚訝之情。我控制住自己不安的情緒，向他勸道：「我們現在一起去警察局吧。」但男子搖了搖頭，如此回答：「事故發生後的第二天，我有向警方報案，可是……事情卻變得很奇怪。」

我有點困惑而皺起了眉頭，男子接著對我說。

事情發生在兩週前的一個晚上。那天下著傾盆大雨，前方道路幾乎難以看清。這種時候街上行人稀少，但意外的是客人不少。我仔細觀察著人行道，看見前方數十公尺外有人舉起了手。我匆匆踩下油門要停到客人面前，突然一名女子衝了出來。那個人一瞬間像是遭遇鬼壓床一樣，全身僵硬地盯著我看。我連忙踩下煞車，但伴隨著「砰」的一聲悶響，把人撞飛了。

撞到人、今後的境遇、吊銷駕照、賠償等種種事情縈繞在腦海中，讓我心生害怕，回過神來，我已經逃離現場。回到家後，我也很擔心那名女子事後怎麼樣了，輾轉難眠直到天亮。

到了早上，我冷靜下來，馬上去警察局自首了。但警方卻說：「我們並沒有接獲事故通報，你是不是搞錯了？況且，你的車也毫髮無傷呀。」

「不可能，我真的撞到人了，也有聽見聲音。」雖然我說了很多次，但都沒被當成一回事。而且，就像警察說的那樣，車身並沒有任何損傷。雖然不太能釋懷，但如果只是誤會一場的話，那是最好的。從前一晚累積到現在的恐懼與不安也減輕了一些。或許是放下心中的大石頭，一陣睡意襲來，我回到家中，一路睡到晚上。

那天晚上，我醒來以後，再次坐上計程車，握住了方向盤。我決定去昨晚撞到女子的那條路上看看。我心裡當然也有點害怕，但還是想確認一下是不是真的什麼事情都沒有。

隨著越來越接近現場，我放慢了速度，仔細地環顧四周。但是，卻好像沒什麼不一樣的地方。我把車停在路邊，在地上看了好幾遍，也沒有發現血跡或女人的頭髮。果然是幻覺一場吧。即便如此，那個幻覺依然非常真實，撞到那名女子的瞬間，她和我對視的臉龐深深烙印在我的腦海裡。

確定真的沒有事故痕跡後，我便回到了車上。就在這時，一輛計程車停在我的車子後面。然後司機下了車，仔細地查看地面。於是我問司機：「怎麼了嗎？」結果司機說出了和我完全一樣的經歷。

不同的是，當下他就立刻下車查看被撞到的女子。卻沒有半個人影。

之後我把這件事告訴幾個同行司機時，竟發現好幾個人都有相同的經歷，所以有了「請法師到現場誦經」這樣的想法。

就這樣，我和計程車司機一同前往現場，和幾位有相同經歷的人一起為那名女子誦經並供養。

後來，我接到其中一位司機的電話，他說：「知道那個女人的真實身分了。」據他所說，其實幾年前那個地方發生過一起計程車肇事逃逸的事件，導致一名女性死亡。不久後，計程車司機很快就被逮捕了，案件已解決。

「已解決」一詞是法律上的表述，但對去世的人來說可能根本沒有解決。那名去世的女性或許是在警告那些超速行駛的車輛或東張西望的司機，以免再發生憾事。

HIROMI

一名女子與丈夫前來廟裡諮詢育兒的問題。

他們有一個三歲的女兒，當時孩子被留給老家的父母看顧。

這件事由丈夫開口說起。根據他的說法，妻子是全職家庭主婦，而他是上班族。有一天，他下班回家後發現女兒在哭，問了妻子原因，她說是因為孩子吃相太差被她用尺打了。

接著，事情逐漸惡化，她開始以不滿意女兒的眼神、走路方式、傲慢的態度為由打罵。

照這樣下去，丈夫即便人在公司，也會因為惦記著家裡的事而無法專心工作，所以才來寺廟尋求解決方法。

當我詢問妻子為什麼要做到這種程度時，她回答：「我也不知道，不知不覺就會想發火，但我也不是不疼愛女兒啊。」

這時候，我再問那名妻子，「除了照顧孩子的事情以外，還有什麼想諮詢的事嗎？」然後她說：「我經常作惡夢。」

原來，在這個女子還是學生的時候，曾被一名叫做HIROMI的同學霸凌，只因為看不順眼她的長相或不喜歡她的說話方式而經常欺負她。直到現在她還會夢見當時的情景。

另外，以前出車禍的時候，對方也剛好叫做HIROMI。以前被偷東西的時候，犯人的名字也是HIROMI。

丈夫似乎不知道有這些事，他非常錯愕，衝著妻子大吼：「難道妳是在報復HIROMI嗎！」

一問之下才知道，男方的父母為他們的女兒取名為HIROMI。

妻子回答，或許她是在無意識中對這個名字做出了反應。當然，我認為不僅僅是因為名字叫「HIROMI」的關係。碰到育兒這方面的煩惱總有許多因素，比如說，小孩老是不聽話。不過這對夫妻卻很執著問題出在小孩的名字上，所以我就想了想有沒有什麼好方法。

女兒的名字漢字寫作「裕實」，於是我建議他們可以將讀音改成「YUMI」。後來，他們帶著女兒，三人一起來到了寺廟。

在前次來訪後，他們改變了名字的念法，雖然女兒一開始有些困惑，現在也很喜歡這個名字，妻子的情緒跟著平穩下來了。另外，他們發現另一個令人在意的事實。

上次他們在寺廟裡諮詢完後，回家的路上順道去了妻子的娘家。當他們聊到在寺廟裡諮詢的內容時，家人告訴他們，其實妻子有一個剛出生就夭折的哥哥，名字就叫做「HIROMI」。

或許是去世的哥哥希望大家知道自己的存在也說不定。也有可能是他以為在叫自己的名字，就附身到了孩子身上。母親會覺得孩子態度很傲慢，也許是因為這個緣故。
無論如何，真相都不得而知了。

贖罪

二十歲的時候，他殺過人。

在過去的十年裡，他意識到自己的罪孽深重，每一天都在深切的後悔和懺悔中度過。最後，他終於履行完自己的法律責任。

出獄後他認識了一名女子，結婚成家，不久孩子也出生了。

「我真的有資格過這麼幸福的生活嗎？」他總是如此自問，但他認為自己有責任讓家人幸福，並沒有向家人細說自己過去的罪行。因為他感到害怕，不想破壞未來的幸福。

歲月過得似乎比在監獄裡更快。他的兒子即將迎來五歲生日。

那天晚上，一家三口一起慶祝了簡單而幸福的生日。

睡前，他走到兒童房看看孩子的睡臉。看孩子睡得又香又甜，對他來說是最幸福的時刻。

就在他想蹭一蹭孩子的臉而湊上前時，孩子突然用粗厚的嗓音說道，

「終於見到你了，我不會放過你的。」

他立刻看向孩子的臉，躺在小被窩裡的兒子睜著眼睛看著他，臉上掛著微笑。但下一刻，兒子閉上眼睛，又安靜地睡著了。

是他的錯覺嗎？他本來是這麼想的，但並非如此。

「我絕對不會放過你。」這樣的情況持續了一天又一天。

他不想破壞幸福的家庭，所以遲遲無法向妻子坦承⋯⋯

不久，他身心俱疲，甚至到了無法去上班的嚴重程度。

妻子對他老是不去工作感到不滿，種種不安和煩躁導致夫妻關係逐漸惡化。

一天晚上——

孩子香甜地睡在被窩，而他的手不自覺地伸到孩子脖子上。

「掐死他。」

孩子帶著詭異笑容發出來的聲音令他猛然打消念頭，差點就犯下了另一樁罪行。

隔天早上，他便將自己犯下的罪行告訴了妻子。

這麼一來，一切都結束了。他已經做好心理準備。

「從今以後，我們一家人一起贖罪吧。」

妻子下定決心要和他共度餘生。

在那之後，全家人一起來到寺廟，為他殺害過的人供養。這也成為他們每天的例行公事，並持續了很長一段時間。

某一天晚上。他像往常一樣，和妻子一起走進房間看看孩子的睡臉。正當他們想湊上前蹭一蹭孩子的臉時，

「以後幸福快樂地生活下去吧。謝謝你們。」他說。

聽到這句話，夫妻倆一起哭了。

這一天是被害人的第十七年忌日。
從那以後，這一家人依然持續供養著。

自動販賣機

聽說朋友瀧川出車禍住院，所以我去探望他了。走進病房，看見他躺在床上，右手和雙腿骨折，用石膏固定著。

看見我來探望，瀧川很高興地說，「你來啦。」不曉得是不是住院生活很無聊，他忽然問我：「你有時間可以聊聊嗎？」

那天，我剛好沒什麼事，便回答：「我有空呀。」接著他突然神色凝重地說：「有件事無論如何都想請你聽一聽。」

感覺會聊上一段時間，於是我提議：「我去自動販賣機買瓶果汁吧。」他聽了卻有些膽怯地說他不想喝自動販賣機的飲料。

我只好坐在床邊的椅子，聽他細細道來。

瀧川先從車禍當天的事說起。

那天，他加班加的比平時還要晚，下班時已經是凌晨一點了。步行回家的路上，他覺得有點口渴，在一條巷子裡發現了一台自動販賣機。

正當他打算從錢包裡掏出零錢買瓶飲料時，硬幣從手裡滑落滾到了自動販賣機底下。他彎下腰，把手伸進去，卻摸不到硬幣。他心想硬幣或許滾到深處了，他又伸長了手，但還是沒有找到。於是他乾脆整個人趴到地上，盡可能地把整隻手伸進去。

就在這時，就在他覺得指尖碰到某種軟軟的東西的瞬間，突然有人抓住了他的手腕。

他急忙想把手抽出來，但抓住他的人力氣很大，他怎麼抽也抽不出來。他下意識看向自動販賣機的底下，一個長頭髮的老婦人趴在底下和他四目相對。

就在他驚慌失措地用力拉扯自己的手時，身後傳來汽車引擎的聲音。

他心想，自己趴在狹窄的道路上，司機如果一不注意就會直接撞上來。下一秒，他聽見咔嚓的悶響，回過神來，自己已經躺在醫院的病床上了。
醫院的醫生說，他的雙腿是被車輾過而造成的骨折，但右手傷勢則是複雜性骨折，像是被什麼東西捏碎了一樣。
因此，他希望我弄清楚那位老婦人究竟是什麼人。
說實話，我半信半疑。假設他說的都是真的，但自動販賣機底下不可能擠得進一個人，也不可能看得清楚是個長頭髮的老婦人。
雖然我心裡這麼想，但離開醫院後，我還是去看了瀧川提到的自動販賣機。
正好碰到業者前來補充商品，我便打聽一下這附近有沒有發生過什麼不尋常的事。
「你說的是那起肇事逃逸事件嗎？」對方回答我。聽完事情的來龍去脈，得知是一位無依無靠的獨居老婦人在這條路上被撞死了，而犯人至今尚未被逮捕歸案。
業者指著地面告訴我，

「你看，雖然痕跡已經很淡了，但還能隱隱約約看到警方當時發現臥倒在地的老婦人時，用粉筆劃出來的線條。」

地面上看得見淡淡的白色線條。仔細一看，就能發現線條是人的輪廓，只有右手的位置位於自動販賣機底下。

在佛教中，有「因果報應」一詞。這個詞意味著任何事情都有因果關係，而且還會有相應的回報。

一這麼說，一定會有人反駁：「沒這回事，有些人做盡壞事還是照樣賺大錢啊。」說得一點也沒錯。但這是只看原因和結果的情況，不過未來總有一天必然會有相應的報應。

現在的處境是過去種下的因所造成，而現在的行為將奠定未來的果。

如果你目前的處境不佳，只要從現在開始留心行善，未來的自己就會走到更好的境地、獲得更好的際遇。

那麼，什麼是善行呢？經文中解釋為菩薩行。菩薩指的是幫助他人的人，而這樣的行為就被稱為菩薩行。不過，有時你認為是為對方好的事，卻可能會反過來造成傷害，甚至因此被埋怨，所以並不是一件容易的事。

那究竟該怎麼做才好呢？其實，經文就是為此存在的。人們往往認為經文是為死者而存在的，但並非如此，經文也同時是給活著的人讀誦的。我們該如何做好事？善行是什麼？例如種種，這些為人處世的態度，經文皆有解答。如果行得正，坐得端，未來的自己就會充滿幸福。無論是上天堂，還是下地獄，都取決於一個人的一念之間。

第三章

輪迴

世界上有一些不可思議的事情是我們無法理解的。比方說，我們的生命。人一出生，無論怎麼努力，都會走向死亡。看似理所當然，但凡是有生命的人，無一不死，這點讓人覺得很神奇。

那麼，我們在出生之前，都在哪裡做什麼呢？而死後我們又會去哪裡呢？

在佛教中，有輪迴轉世的說法。這意味著我們都有來世。既然有來世，也意味著有前世。人生的意義在於轉世和死亡之間的靈魂修行。

還有一種說法，我們現在生活的這個世界是個假想的世界，真實的世界存在於別處。比方說，我們和別人約定「明天見」，但明天能不能平安見到面，要到了那個時候才能知道。或許在約定好的時間之前，就遭遇車禍身亡了也說不定。此外，即便你認為是「我的東西」，在你死後也會成為別人的東西。簡單來說，你擁有的一切事物，只是在你活著的期間借來的。我們現在擁有的肉體也只不過是借來的東西而已。

如果這個世界是假想的世界，那麼真實的世界在哪裡呢？也許死後去的就是真實的世界。究竟有沒有死後的世界，要死過了才知道，但根據我的種種經歷，我確信是存在的。接下來就向讀者們介紹幾個讓我如此確信的經驗。

死神

一位青年來到了寺廟。他因病動了一場手術，前幾天出院了，所以特地來報個平安。

他的氣色明顯好多了，寒暄幾句後，他看著我問：「您流了好多汗，發生什麼事了嗎？」

其實是因為前一晚我把最喜歡的根付[1]拿出來邊看邊擦，但到了隔天，我卻完全想不起來自己收到哪裡去了，找得滿頭大汗。當我告訴他這件事時，他卻理所當然地說：「法師您昨晚把小雞造型的根付收到電話下面的抽屜裡了。」我一邊想著：「他在說什麼啊。我找得這麼認真，他還這樣開玩笑。」但打開抽屜一看，根付確實就在裡頭。

「你怎麼會知道呀？」我很佩服地問道。

「昨晚我來到這裡的時候看見的。」他這麼告訴我。

「你只是碰巧猜中的吧。」我說。他搖了搖頭，

「昨晚你擦拭根付的時候，剛好遇到朋友打電話來，你聊得太開心就隨手把根付收進底下的抽屜裡了呀。」

我仔細一回想，確實是這樣。但他當時明明不可能在場，我便追問他這是怎麼回事，結果他自豪地回答：「我其實是隱形人喔。」據他的說法，這次手術就是讓他成為隱形人的契機。

「這次我是因為肺部氣胸而動手術。手術進行了全身麻醉。被麻醉的時候，我感覺到自己的意識逐漸遠去，但下一刻，我的意識又漸漸清晰起來。當我睜開眼睛時，我看到自己躺在手術台上。我的意識越來越清晰，甚至能聽見醫生所說

1 根付，卡在和服腰帶上的裝飾品，位於和服提物的末端，功能是掛住下面的物品，例如印籠、菸草袋、錢袋等物件。

的話。有一瞬間，我以為自己在作夢，但我分明是清醒的。然後我發現自己漂浮在手術室上方。我心想，這或許代表自己死了，所以我拼命想回到身體裡，但就像磁鐵同極相斥一樣，我怎麼樣也無法接近自己的身體。

手術好像才剛開始，我不想看到接下來手術刀插進身體裡的樣子，所以我就去了外面。在走廊上，我看見媽媽一邊喝柳橙汁一邊看雜誌。我心想，兒子都這個狀態了，這個做媽的還真悠哉啊。但畢竟不是危及生命的手術，所以想得很樂觀吧。之後，我在手術室和走廊之間來回穿梭。然後磁力像是突然起了作用，我被自己的身體強拉過去，平安回到了身體裡。等恢復意識時，我已經躺在病房的床上。我媽媽說：『你動手術時，我擔心得要命，什麼事都沒心思做。』我便說出她當時一邊喝果汁一邊看雜誌的事，讓她非常驚訝。

從那天起，無關我個人意志，有時候我睡覺時，意識會變得很清晰，然後發現自己又脫離身體了。最多一個小時左右我就會回到身體裡。這段期間，我想去哪裡就可以去哪裡。」

我想他的情況是一種叫做「靈魂出竅」的狀態。從那天起，我就有些心神不寧，常常擔心他是不是又跑過來了。

但後來，他再次來到寺廟時，他跟我說：「我決定不再離開自己的身體了。」聽了這話，我好奇地問：「發生什麼事了？」他便告訴了我原因。

有一天晚上，他的靈魂一如往常脫離身體，正當他要到附近轉轉時，路上一名黑衣男子「喂」的一聲喊住他。他還在震驚有人看得見他時，對方已經一把抓住他的手說：「你不能待在這種地方。」並把他拉到了空中。「這裡是生者的世界，我帶你去另一個世界。」男子的力氣奇大無比，「不是的，我還活著！」不管他怎麼解釋，對方也不聽。

「等一下。」當他們升到高空時，一名老爺爺擋住了他們的去路。然後，他對著黑衣男子說：「那孩子還活著，放了他吧。」接著扭頭對我怒斥：「你不要隨便離開自己的身體，麻煩的傢伙。」

手被放開的瞬間，我人已經躺在被窩裡了。我想他們應該就是「死神」。在那之後，每當我的靈魂又不小心脫離身體，我都會努力在心裡想著「我想回到身體裡」，然後我就可以順利回到身體……

氣味

從小，我的鼻子就很靈敏。該說這是怎麼回事呢……當我靠近死期將至的人時，可以感受到一股獨特的氣味，我就會知道「這個人快要死了」。

在我還是大學生的時候，有一年放暑假回家，家裡養的狗傳出一股氣味。畢竟那是全家人很疼愛的狗狗，我就把這件事告訴了父母。結果被罵了一頓，「不准講這種話！」但是，那天晚上狗狗就過世了。

幾年後，我結了婚，也搬離了老家。父母來探望我，說是想看看孫子。當我們全家人一起去附近餐廳吃晚飯的時候，我又聞到那股氣味了。我若無其事地接近每個人確認一下。結果，氣味是從父親身上傳出來的。

餐桌上大家開開心心地聊天吃飯，唯獨我因為太過震驚而食不下咽。「怎麼了？你沒胃口嗎？」父親問我。我猶豫了很久，還是決定當著大家的面說道：「爸，你明天最好去一下醫院。」全家人聽到這話，齊聲責備我：「你說的這是什麼話！」他們會有這樣的反應也是正常的。但我告訴母親：「爸得了胃癌，可能只剩半年了。」

因為我之前也曾準確說中死期，母親非常擔心，第二天就帶父親去了醫院。檢查的結果是胃癌，餘命半年。之後，在佛祖的庇護下，父親得以在這個世界上待了大約兩年。

死亡的氣味——這或許是人類的本能釋放出來的吧。

知道我鼻子靈敏的人，都說我有靈異體質或說我是通靈人，但我不這麼認為。比如說，有些人可以透過氣味來辨別春夏秋冬。靈敏的鼻子透過氣味能知道季節的變化。也有人可以透過氣味知道即將下雨。若兩種情況你都沒有的話，不妨去問問周圍的人，一定不少人都有這種能力。我認為這是所有人類原本就具備的能力。同樣的，我能嗅出死亡的氣味，也不是靈異體質。只不過因為這種嗅覺，我有過一些奇妙的經歷。

這是發生在某一天我去附近書店的故事。當時我正站著看書，不知道從哪裡飄來了那股氣味。我環顧四周，看到一名八十歲左右的男人，氣味似乎就是從他身上傳出來的。

我不知道在這種情況下該怎麼做才好，當時也是。貿然跟對方搭話，也不知道該怎麼解釋。正在我猶豫之際，男子似乎同樣覺得我很可疑，靜靜地注視著我。我也沒有移開視線，直勾勾地望著他。

這時，男子默默地向我走來，走到我的面前。我鼓起勇氣開口，

「您的臉色看起來很差，最好去醫院檢查看看。」

聽到我這麼一說，他一臉吃驚地反問：「是在說我嗎？」

「對不起，突然說了些失禮的話。」我低下了頭。接著，他用非常爽朗的聲音說道：

「不，謝謝您的好意。其實我已經死了。」

男子笑著向我行個禮，然後在原地消失了。

或許是因為他剛過世沒有多久吧，所以還留有一些氣味。話雖如此，男子當時的笑容仍然給我留下了深刻的印象。他在死後似乎依然朝氣蓬勃。

我的靈異體驗（一）

「請收我為徒吧。」時不時有人會這樣對我說。我總是向那些人說：「要成為一名僧侶，必須經過相當嚴格的修行，你確定嗎？」當我告訴他們修行的詳細內容後，大部分人都會打消念頭說：「那還是算了吧。」

僧侶的修行根據宗派不同會有很大的差異，以我所在的日蓮宗來說，抱持半吊子的心態是無法完成修行的。

我在修行期間，在名為宗立學寮的宿舍學習了四年。早上五點起床淋水做水行[1]，之後便打掃、誦經、吃早餐、去大學上課，傍晚再繼續誦經，晚上則是進

1 水行，日蓮宗傳統修行方法。

行習字或唱題行（坐禪）。第三年的夏天，還要去總本山所在的身延山進行三十五天的閉關修行。完成這些事以後，才能成為一名僧侶。

接下來要分享的是宿舍生活裡發生的事。

宿舍裡，大約七到八個人住一個房間。如果你旁邊的人睡相很差，直到天亮你都很難睡個好覺。

那天，睡在我旁邊的同期生睡相太差把我吵醒了，我醒來的時候大概是凌晨兩點左右。我本來打算再睡回去，但又很在意其他人清楚的呼吸聲，因此完全無法入睡。我心想：「哪怕身體休息一下也好。」便躺在被窩裡一直盯著天花板看。外面傳來傾盆大雨的聲音。

「雨下得真大啊。」

我一邊這麼想，一邊聽著雨聲，突然，我聽見雨音裡夾雜著人聲。而且還不只是一兩個人，而是很多人在說話。我試圖聽清楚內容，但你一言我一語的，還伴隨下雨的聲音，所以只能聽到「沙沙」的聲響。

於是，我從被窩裡起身，悄悄地走到走廊上。狹長的走廊漆黑一片，總覺得有些毛骨悚然。我仔細一聽，發現聲音是從正殿的方向傳來。宿舍和正殿透過走廊相連，我一個人走向了正殿。

隨著離正殿越來越近，聲音也漸漸清晰起來。這時，我還只是在心裡想：「大半夜的不可能有這麼多信徒來參拜，是來躲雨的嗎？」

就在我快走到正殿時，突然有人按住我的右肩。我嚇得倒抽一口氣，一時之間說不出話來。然後，我耳邊傳來男人的聲音：「別出聲。」我戰戰兢兢地回頭一看，前輩僧侶斥責道：「你這個時間在這裡做什麼？馬上回你的房間去。」我趕緊回答：「是，對不起。」立刻回到房間。

那天晚上，前輩僧侶把我叫去，問道：「那個時間你在那裡做什麼？」我告訴他是因為自己聽見了正殿傳來的聲音。他才說：「這樣啊。你也聽得到嗎？」

前輩僧侶告訴我，離開肉體的靈體，在下雨時無法脫離祂們還在肉體時的感覺，有時候祂們會進建築物裡躲雨。那晚雨下得很大，前輩僧侶當時去本殿就是要為聚集而來的靈體燒香。

如果你也在下雨天聽到家裡有很多人的聲音，或許就是那些還殘留著肉體感覺的靈魂也說不定。

我的靈異體驗（二）

結束四年的宿舍生活，我終於有資格成為僧侶了。然而，這不代表修行到此結束，之後還要累積許多作為僧侶的經驗。於是，我去了一座大寺廟，拜託對方讓我入住修行幫忙做事。

大約過了一個星期後，前輩對我說：「今天晚上你負責值班巡邏吧。」

「終於來了啊。」老實說，這是我心裡的第一反應。這座寺廟以前曾經遭小偷闖入，在那之後，在夜晚大家熟睡的時候會以值班制巡邏。

深夜裡，必須獨自一人拿著手電筒在超過百年的老建築裡巡視，這對膽小的我來說，是修行中特別艱難的事。

那天晚上終於到來了。打開前輩和我睡覺的雙人房門，是一條長長的走廊。我一個人拿著手電筒走了出去。

在老舊的走廊上，每走一步都會吱吱作響，手電筒的燈光更添加了幾分陰森。我一邊壓抑著內心的恐懼，一一巡視「正殿」、「會客室」、「浴場」等等。最後，我檢查完走廊盡頭的「食堂」門鎖，沒有發現任何異常。

從「食堂」沿着走廊一直走，盡頭就是我的房間，所以我打算小跑步回去。就在我走到走廊中間時，身後傳來了聲音。我轉過身用手電筒照了照，但什麼都沒有。我繼續往前走，卻還是聽見身後似乎有什麼聲音。我停下腳步，仔細一聽。接著聽見了「啪嗒啪嗒啪嗒」的聲音，聽起來就像是用手拍打積水一樣。

「喂，都還好吧？」因為我回來晚了，前輩從走廊盡頭的房間裡出來，有些擔心地問我。房間的燈光照進黑暗的走廊，我朝著燈光跑了過去。

那一瞬間，前輩「哇」的大叫一聲，接著朝我喊道：「快點過來！」

我嚇了一跳，想也不想地全速跑回房間。

「發生什麼事了？」我問。「你身後有東西。」前輩說他看見了像是狗或貓那麼大的東西。這次我們決定一起去看看。

我們再次沿著又黑又長的走廊往「食堂」走去。又檢查一遍「食堂」內部，但沒有發現什麼異常。只好沿著剛來的走廊回頭走，這次在走廊中間又聽見「啪嗒啪嗒啪嗒」的聲音了。我們停下腳步一起回頭看，還是什麼都沒有。然而，當我照亮腳邊時，我的身體嚇得僵住了。

一個長頭髮的女人滿身是血的看著我們。她的脖子和手腳嚴重扭曲，站都站不穩，她雙手不斷掙扎，往我們的方向一步一步爬來。「啪嗒啪嗒」的聲響是她試圖前進，用沾滿血的手拍打著走廊的聲音。前輩和我立刻朝房間拔腿狂奔。我把房門上鎖，將被褥蓋在頭上，一直誦經直到天亮。

確認太陽升起，天色漸亮後，我們兩人一起去了住持所在的別屋，打算報告昨晚的事。正當我們要開口時，住持說：「今天有葬禮要舉行，馬上準備好正殿。有事晚點再說。」

我們只好開始準備正殿，殯儀館也把遺體送過來了。正當我們將遺體安放在正殿時，對方交代我們，「絕對不能打開棺木。」原因是跳樓自殺導致手腳和頸部嚴重彎曲。

看到陳列在正殿的遺像，我和前輩都感到很驚訝。那正是我們昨晚看見的女人。或許她是在葬禮前先來跟我們打招呼的也說不定。

緣廊下的「東西」

我接到一間工務店打來的電話，對方說：「好像有什麼東西在緣廊底下，麻煩您過來看看。」聽到「緣廊底下有東西」時，我就感到有些不安。如果是生物的話，就不會來委託寺廟了，那就是生物以外的「某種東西」。就算在這時候追問，「**什麼東西**是什麼？」也不會得到明確的答案。想到這裡，我便立刻趕往了現場。

那是一棟位於幽靜的高級住宅區內的獨棟住宅，周圍的大部分房子都是西式建築，和京都的氛圍不搭調，那棟新建的房子倒是帶有正統京町家的感覺。

屋主是一對老夫婦，人一到就客客氣氣地迎接我。

「請進。」我被帶到和室時，工務店的木匠已經到了。我一邊喝著茶，一邊簡單寒喧幾句，突然聽到好像有東西倒下，砰的一聲巨響。

「住持先生，這次請您過來就是因為這個聲音。」工務店的人如此說道，聲音明顯在顫抖。

「那我就從頭開始說吧。」木匠先是深吸了一口氣，才開口說道。

「正如您所見，這棟房子是新蓋的。委託人夫妻搬進了這裡。但是，剛住進這裡沒多久，時不時就會傳出像剛才一樣的巨響，於是他們就聯繫了工務店。我找了一下聲音的來源，好像是從廚房附近的走廊傳來的。與其說是走廊，說是走廊底下可能更準確。而且那個走廊只是用腳輕輕一踩，地板就凹陷了，幾乎快要脫落。

我從緣廊鑽到地板下，一路來到走廊底下。用手電筒照了照地板下面，發現橫梁斷了。問題是這個斷法不太對勁，不是從上面踩斷的，而是從下面往上推折斷的。而且，明明就做了除溼措施，但不知為什麼，只有那附近的地面是溼的。光是這麼一看也看不出原因，我決定先從緣廊底下出來，便轉過了身。就在我趴著準備往外爬的時候，突然有「什麼東西」抓住我的雙腿，把我拖了過去。

我拼命掙扎，奮力往外爬了出去。出來後，我看向雙腿，發現腳踝上沾了泥土。雖然沒有看見，但我敢肯定緣廊底下有什麼東西。如果是生物的話，還可以透過腳印或氣味辨別，但顯然不是動物。」

木匠或許是在說話的時候回想起當時的事了吧。儘管房間裡開著空調，但他還是出了一身冷汗。

在旁邊一起聆聽的老夫婦也納悶地歪著頭，沒有任何頭緒。

在這個時候我仍不清楚究竟是什麼。不過我還是先去了廚房走廊，坐下來開始誦經。

誦經結束後，我轉過身，工務店的人和木匠說：「我們聽見誦經的聲音裡夾雜著水聲。」這時，我察覺到了「什麼東西」的真面目。

「你們在建造這棟房子的時候，是不是有一口水井？」我問。兩人用力點了點頭。這個「什麼東西」的真面目就是水井。我之所以會得出這個結論，是因為過去的經驗。

那是我們寺廟以前整修庭院的時候發生的事。有一次半夜，我看到一個男孩爬上建築工地的鐵絲圍欄。我覺得不太對勁，就告訴了監工。四處找了一遍，發現一口老井，裡面全是水泥。自古以來，人們都說不能把不再使用的水井蓋上。所以，至今蓮久寺的大門旁也有一個從水井拉出來的排氣孔。

工務店聽了便立刻著手進行排氣孔的施工。從那以後，老夫婦就一直過著安穩的生活。

看來古老的民間傳說是不能輕易捨棄的。

另一個自己

大家聽過「分身」（Doppelgänger）這個詞嗎？這是指除了自己之外，出現另一個自己的現象。換句話說，是第三者目睹了從本體脫離出來的另一個自己的現象。

我聽說過不少關於分身的事，相較之下是比較常見的事。我自己也曾經多次在不該出現的地方被人看到。比如說，我剛才在寫這份原稿的時候，家人卻說在廚房裡看到我了。聽說廚房裡的我正在喝水。家人喊了「廚房的我」一聲，「廚房的我」什麼話也沒說就進了隔壁房間。

這次我要介紹幾個「看見另一個自己」的故事。

關於分身流傳著一種說法，親眼看見另一個自己，代表死期將至。我把這件事告訴了竹內，他立刻反駁我：「才沒那回事呢。」為什麼竹內能斷言沒這回事呢，因為他有過這樣的經歷。

竹內的工作是一名園藝師，負責寺廟等大庭院的修剪和維護。因為他還是修業中的園藝師，所以還不能爬到樹上執行修剪任務。

有一天早上，他第一個抵達工作的庭院，等待前輩們時，他看見有人爬到樹上做修剪工作。當他好奇地看著那棵樹，驚覺樹上的人就是自己。他嚇了一跳，正打算搭話時，那個人就消失了。過了一會兒，前輩們抵達後準備開始工作，那天第一次允許他到樹上修剪。

還有一次，他放假和幾個朋友去爬山，天氣突然變壞了。而且，這還是他們第一次去爬山，卻迷了路，找不到登山步道。因為已經走了好幾個小時，大家都開始感到疲憊，所以決定休息一下。但是，卻有一個人不休息逕自往前走，當竹內打算追上去阻止對方時，卻發現那是默默往前走的自己。

聽說在場的朋友們也都目睹那幕了。等到大家追上去時，那人卻在某個地方消失了。它消失的地方就是登山步道，最後大家都平安回到了家。

竹內認為分身就是未來的自己。更何況，他是因為看到了另一個自己，才沒有遭遇山難平安歸來，所以他不認同死期將至的說法。

現在他仍神采奕奕地在當園藝師，看到另一個自己就會瀕臨死亡的說法或許只是傳聞而已。正如他所說，另一個自己就是未來的自己這個理論也是有可能的。

我還聽說過，有人說他在家裡看電影時，突然想去上廁所。本來打算忍到進廣告再去，卻聽見廁所似乎有聲響。此時，剛好進廣告了，他就起身順便去看一下，卻發現另一個自己正在上廁所。這可能也是看見了未來的自己吧。

寫著寫著，我有點口渴了。這次的故事就說到這裡，我要去廚房喝點水。

或許會和家人看見的另一個自己擦身而過也說不定。

您從哪裡來

京都的盂蘭盆節活動通常在八月進行。盂蘭盆節本來就是因為釋迦牟尼弟子目連的母親墮入餓鬼道，為了拯救她而舉行的佛教活動。

這就是日本的祖先和其他靈魂，可以每年一次回到這個世界接受盂蘭盆節供養的起源。

在我們寺廟裡，盂蘭盆節法會是一年中最盛大的法會之一。接下來要分享的是在盂蘭盆節法會上發生的故事。

那天，年輕人們一大早就來幫忙準備法會，其中不乏一些素未謀面的人熱心前來。這也是我們寺廟的特色之一，哪怕宗派不同，哪怕只是路過的人，都可以來參加法會。這裡擠滿了信徒、他們的親友、碰巧進來的人，非常熱鬧。

法會結束後，仍有許多人會留在正殿裡閒聊。第一次來參拜的人中，有些人沒有聊天的對象就會一個人靜靜地待著。碰到這種情況，通常內人會主動找他們閒聊。

這一天也是如此。

「您是第一次來嗎？」聽見內人這麼問，對方神色緊張地點了點頭。對方是一位氣質帶著些許陰鬱的年輕女子，看起來是個溫順內向的人。

「您住附近嗎？」即使這麼問，她也只是低著頭點點頭，好像沒辦法出聲回答。接著內人又問，「如果有事情想諮詢，要不要我幫您把住持叫來呢？」然後，她第一次出聲回答。

「其實……我在〇月〇日……已經死了。」

據說她是這麼回答的。

與其說是驚訝，內人更是不能理解對方的意思，於是她又問了一次，

「不好意思，周圍太吵了，所以聽不太清楚。」

「〇月〇日，我留下父母，自己死了。」年輕女子回答。

「不好意思，請問尊姓大名？」內人溫柔地接著詢問。

「西浦景子。」她低著頭回答。

「您從哪裡來呢？」內人又問。

「我死於〇月〇日，所以地址是……那個世界。看到父母興高采烈地來到寺廟，我覺得很欣慰。謝謝，我很感激你們。」

她第一次抬頭起來，看著內人的眼睛如此回答，然後就原地消失了。

內人看見她的最後一面，臉上掛著幸福的笑容。聽完這件事，我就放心了。

西浦景子是檀家的女兒，幾年前去世了，她的父母當時也出席了盂蘭盆節法會。

來參加盂蘭盆節法會的人很多，偶爾也會有來自另一個世界的客人呢。

人偶娃娃

「我想麻煩您供養人偶娃娃。」

雖然我經常受到這樣的委託，但這回讓我覺得很稀奇的是，將人偶娃娃帶來的人是一名二十多歲的年輕男子。

「我明白了，我就先收下保管，之後一併燒毀。」我會這麼回答是因為還有其他人預計要帶東西過來，所以我打算一起供養。

聽見我這麼說，男子有些急躁地說：「這可不行，麻煩您現在就處理吧。」我想「可能是有什麼特殊原因」，於是決定再仔細問一問關於這個人偶娃娃的事。

「您是怎麼拿到這個人偶娃娃的呢？」我開口問道。

然後，男子有點猶豫地回答，

「我不想被人偶娃娃聽見。」

「這樣啊。那先把人偶娃娃放在正殿，我們進裡屋談吧。」

我從男子手中接過裝著人偶娃娃的包包。正當我打算從包包裡拿出人偶娃娃時，男子卻驚喊：「就這樣放著，別直接拿出來！」

男子似乎很害怕，所以按照他的吩咐，我維持人偶娃娃放在包包裡的狀態放到了正殿的前桌上。

雖說是裡屋，但也只是用隔扇隔出來的房間，緊挨著正殿。我們兩個人一邊喝著熱茶，終於切入正題。

據男子的說法，人偶娃娃是半強迫式的來到他家。

——那天下午就開始下雨了，我下班的時候，雨勢正大。因為我沒帶傘出門，回到一個人的住處時，全身都溼透了。我一路走到玄關前，正要開門時，地上擺著一個小紙箱。箱子上完全沒有寫寄件人或收件人的名字。

雖然覺得有點可疑，但我還是先拿進了房子。紙箱也不曉得放了多久，被雨淋得都變形了。我換下溼衣服，休息一會兒後，打開箱子一看，發現裡面裝著人偶娃娃。人偶娃娃一頭金髮，穿著洋裝，不知道為什麼臉上帶著怒氣。

我心想：「可能是有人不要了，不曉得怎麼處理，就放到我家門口了吧。」如果是平時的我，會馬上放進垃圾桶，但當時的我並沒有這麼做。

因為人偶娃娃的衣服和頭髮都溼了，看起來有點可憐，所以我把她放在廚房的桌子上，打算放一晚晾乾。

隔天早上，當我去廚房要烤麵包當早餐吃時，發現麵包上有被咬過的痕跡。我想可能是有老鼠出沒，上班前在廚房裡放個捕鼠器就出門了。出家門後我才想起人偶娃娃，早知道就順便帶出門扔了，但要折回去拿又太麻煩，所以我決定回家以後再處理。

那天傍晚我下班回家後發現，人偶娃娃卡在了捕鼠器上。「可能是人偶娃娃不小心掉到這裡，又或是老鼠試圖把人偶娃娃帶回巢穴時卡住了。」

老實說，我有點害怕。為了擺脫這種恐懼，我拼命找藉口合理解釋人偶娃娃卡在捕鼠器上的原因。

我把人偶娃娃從捕鼠器上取下來，放進包包，拉上拉鍊。再把整個包包放進垃圾袋裡，直接拿到附近的垃圾收集處。把垃圾袋留在那裡時，不知道為什麼心裡有點內疚，然後我就立刻跑回家了。

今天早上，我去玄關的信箱拿報紙時，發現丟掉的包包居然回到那裡了。我馬上拉開拉鍊想確認包包裡面的情況，就在我的手伸進包包的瞬間，指尖傳來一陣刺痛。我反射性地抽出手，發現指尖流血了。我仔細觀察傷口，像是被小人咬過一樣，留下了小小的齒痕。我全身的毛孔都冒出了冷汗。

「絕對不會有錯。不管別人怎麼說，這個人偶娃娃是活的。」

就在這個時候，我確信了這一點。

我本來還打算拿到別戶人家的門口，但仔細想想，就這麼把一個活著的東西丟掉不太對。但一直留在家裡也很可怕，所以我就帶到寺廟來了。我覺得她應該是生氣了，只是因為不需要就被扔掉，被人覺得毛骨悚然，因為人類的自私被任意擺布。當然我也是其中一人，所以我希望今天可以讓她成佛。

男子如此說道。然後我們去了正殿，這時我才從包包裡拿出人偶娃娃。與男子說的不一樣，人偶娃娃的臉上帶著笑容。男子也對此感到驚訝。

「謝謝妳至今為止為許多人帶來開心和慰藉，希望妳能原諒那些無情的人。」我在心裡祈禱，順利地焚燒完了。

在那之後，男子偶爾還是會來寺廟，為人偶娃娃雙手合十祈禱。

鐵道迷

有個詞叫做「狂熱分子」，也可以說是「著魔的人」。

我就認識一個「為鐵道著魔的人」。我從他那裡聽說了一個有趣的故事，想和大家分享一下。

「我在鐵路邊租了個房間，不是因為上大學方便，也不是因為房租便宜。我只是單純喜歡電車。從房間的窗戶就可以看見鐵軌，還可以聽到平交道柵欄放下的警告聲，簡直是最完美的地理位置。平交道就在附近，甚至可以聽見電車減速或汽笛聲……」

只要他一聊起火車，都不需要別人幫腔附和。不管對方有沒有在聽，他還是能說個不停。就在我還在想這個話題會持續多久時，他一反常態，說話速度慢了下來。

「對了，你聽說過這件事嗎？」

說著說著，他從包包裡拿出幾本筆記本，裡面貼著許多和電車有關的剪報和用過的車票。

「你看看這個報導。」他遞給我幾張剪報，那篇文章是這麼寫的。

平成十五年八月二十日。下午一點四十分左右，從青森開往八戶的回送列車（六節車廂），列車駕駛發現前方鐵軌上有一名背著背包的老婦人，立刻緊急剎車停下。駕駛覺得「撞上了」，於是報了警。警方接報後立即在周圍進行搜索，但並沒有發現老婦人的身影，列車上也沒有擦撞痕跡。

平成十九年十二月十三日。晚間七點二十五分左右，從名古屋開往札幌的貨物列車在青森市奧野附近緊急停車。駕駛聯絡警方表示：「有個老奶奶蹲在鐵軌上，發生死傷事故。」警察、消防員、站務人員四處搜索，但都沒有找到那位「老奶奶」。列車上也沒有擦撞痕跡。但駕駛堅稱：「我真的看見人了。」

平成二十二年八月一日。上午十點四十八分左右。從名古屋開往富山的特快列車「白鷺一號」（八節車廂）在野野市站緊急停車。男性駕駛表示：「我撞到一個跳下月台的人，還聽見了撞擊聲。」警方認為這是一起死傷事故，並在周圍展開搜索，但沒有發現傷亡人員。不過火車頭上有些損傷，看似受到了撞擊，JR西日本金澤分公司表示：「這是全國史無前例的事例，原因不明。」

「你怎麼看？」不知道為什麼，他有些得意地如此問我。

「我也不知道，可能是駕駛疲勞，看錯了吧。」我回答。他緩緩地擺了擺手，「那才不是看錯呢。」

「那個背著背包的老奶奶肯定很喜歡電車，所以她在死後也繼續搭列車四處旅行。當她想慢慢欣賞時，就會冒出來嚇司機一跳，讓列車停下來。」

「你為什麼那麼篤定啊？」

「因為我從房間裡看見那個老奶奶好幾次了。」說完，他微微一笑，接著繼續說。

「不過我最近沒在附近看到她了，我猜她現在可能在遠處的某個鐵軌或車站上等著電車來呢。我打算死了以後就加入她的行列。」

神鳴

一道閃光。

一瞬間，家裡都亮了起來。

我在被窩裡數一、二、三。從三數到四的中間，我聽見了「轟隆隆隆」。這種情況就代表還是安全的。

夏夜裡，雷公漫步行經京都的上空。

有的人會說，都一個成年人了還怕打雷，躲被窩裡數數，顯得很孩子氣。但這種說法是不對的，因為京都人都知道雷電真正可怕之處。

很久以前，菅原道真因冤罪遭到流放，最後在流亡的地方飲恨而終。從那以後，京都接連發生雷擊引起的災害，雷擊甚至落在了皇居內的清涼殿。京都人認為「這是菅原道真在作祟」，為此建造北野天滿宮，平息道真的聖靈。

雷的漢字寫作「神鳴」，自古以來認為雷是神明發出的聲響。

解釋到這裡，大家應該能理解我在被窩裡數數的理由了吧。

供奉菅原道真聖靈的北野天滿宮，每個月的二十五日都會舉辦緣日的活動，設有攤販和古董市場。我很喜歡古董市場，每個月都會去逛逛。

所以接下來我想聊聊關於「神鳴」的故事。

「打雷和神沒有關係。」雖然有人會這麼說。其實不然，「神鳴」是真的存在的。

故事地點是京都的偏僻鄉村。村裡的年輕人為了找工作搬往城市，老人們也都跟著遷居到孩子們身邊。隨著人口不斷外流，幾乎沒有人居住了。

接到這麼一件人口稀少的村莊委託後，我決定前往這個村莊留宿。開著寺廟的車，出發去了村莊。

時間是下午兩點。

這一天，烈日當頭，炎熱到蟬都可能直接死在車裡。當然，我的愛車上有空調，卻不曉得為什麼完全不涼。也許在漫長的山路上努力奔馳的愛車已經顧不上車內的溫度了吧。我把它當作修行，就這樣過了三個小時。大約下午五點，我總算抵達村莊。

村莊四面環山，聚落位於山谷裡。雖然不知道有沒有人居住，但山坡上有七、八棟看起來不那麼老舊的房子。其中一戶人家就是這次委託人的屋子。

我一邊看門牌一邊爬上斜坡，開到一半，一名上了年紀的男子從其中一戶人家中走出來，向我招招手。

有腳，也有影子。毫無疑問，他是個活生生的人。我打開車窗喊了一聲。

「是山上先生嗎？」

「勞煩您大老遠的跑一趟。」他深深一鞠躬，就像慢動作一樣。

一下車，發現車外還挺涼快的。

山上先生的家是棟有些老舊的兩層樓大宅邸。如果擺在城市裡，就是相當富有的人所住的豪宅，旁邊還蓋了一間倉庫。進屋後，他帶著我到一間二十帖榻榻米寬的大和室。

「請用茶。」他端上一杯冰涼的茶。我喝著茶，問起了一直很好奇的事。

「山上先生是一個人住在這間房子裡嗎？」

「哎呀，內人去年在這邊過世了，我現在和兒子、媳婦一起住在大阪。今天我也是久違回到了這裡。」

他說話的語氣緩慢到可能會讓性急的人不耐煩。

「這樣啊。」

「法師先生今晚就在這裡好好睡一覺吧。」

「咦？那山上先生你呢？」

「我會叫原本住在這附近的居民明天早上過來接您。飯菜都準備好了，請您慢慢吃。」

他說完便從裡面端出了膳台。

「這個意思是，現在村莊裡沒有人居住嗎？」

「是的。」他有些悲傷地低著頭回答。

我提早用了晚餐，一邊聽他的委託內容。委託內容的概要如下。

這個村莊由於人口過度流失而決定廢村，村民們也都各自有了去處，現在已經沒有人住在這個村子裡。

但是，我突然有個疑問。那就是村裡面有個古老的祠。據說，這個祠早在山上先生出生之前就已經存在了。無論是開心的事、苦惱的事，大家都會來到這裡，雙手合十，向神明報告。對於村民來說，這個祠可以說是祖祖輩輩傳承下來的重要寶物，也是他們的精神支柱。

這祠堂位於村莊的山坡上，裡面供奉著一尊石佛像。

至於為什麼會選中我，是一位村民在北野天滿宮的緣日活動中，聽說有個喜歡古董的法師。

我的確是喜歡古董，但說到和這次的委託有什麼關聯，答案也很簡單。

祠堂的石佛像是全村的寶物，實在是不忍心放置不管。而且那還是一尊相當古老的石佛像，也可以說是一種古董了。如果是喜歡古董的法師，應該會很樂意帶回寺廟裡供奉的吧。這麼一來，村民們也可以隨時去參拜。村民們開會過後做出了這樣的決定。

就算我再怎麼喜歡古董，但不清楚石佛像的大小是不是帶得回去。我沒有辦法馬上同意，所以希望可以實際看過以後再做判斷。

不等我做出判斷，山下先生當場就下了結論，「放心吧。沒有多大的。」

吃完飯，收拾好膳台後，山上先生坐上停在宅邸附近的一輛小客車，飛快地駛離了村莊。

我就這樣獨自留在廢棄的村莊裡。

不久，開始下雨了。我聽說山上的天氣變化多端，果真如此。雨勢越來越大。

我本來想打開電視解解悶，可是房子裡沒有電視。

然後，我害怕的事情發生了。

一道亮光。夜空冒出閃亮的光。

片刻之後，酷似地鳴的聲音「轟隆隆」的響起。

我鑽進被窩裡開始數數。一、二……伴隨著地鳴響起了「唰——轟隆隆」的聲音。是落雷。

而且很近。彷彿雷公就在附近走動一樣。

遇到這種情況也沒辦法了。我躲在被窩裡，一心一意地念誦經文。只有這樣我才能勉強保持鎮定。

等我回過神來，已經天亮了。我緩緩從被窩裡坐起，感覺有人來了。

「早安。」山上先生說。

除了他以外，村民大概來了十個人。

「昨天打了很多雷，雷擊好像就落在附近。」我告訴他們昨晚發生的事。

「是呀，那麼大的雷聲很罕見呢。」

村民們好像也都聽到了。

吃完準備好的早餐，大家一起前往山頂的祠堂。總之，我會先誦經，再好好討論如何處理石佛像。

「哦！我的天啊……」

來到祠堂附近時，幾位村民發現了異樣。

祠堂損壞了。昨晚的落雷似乎擊中這座神祠。

移開祠堂倒塌的殘骸時，底下露出了石佛像的頭部。

石佛像和祠堂一樣毀損了。

村民難掩心中的震驚，紛紛低下頭，甚至有村民哭了起來。

我走向倒塌的神祠，開始輕聲誦經。

多年以來守護著村莊的石佛像已結束祂的職責，在廢村的同時回到天上了。

昨晚的雷聲肯定就是「神鳴」，是對村莊和村民們最後的道別吧。

即使村莊不存在了，回憶也不會消失。

就像人與人之間的離別。我是這麼想的。

《妙法蓮華經》被稱為「最勝經」、「經王」等，被認為是佛經中最尊最勝的經文，但也最為「難信難解」，也就是「難以相信、難以理解」的經文。在本來就不好理解的佛經中，更是難上加難。

為什麼困難呢？原因在於，這部經文講述的是「妙法」。「妙」指的是「不可思議」。所以，每當發生不可思議的事情時，我們就會用「奇妙」來形容。「法」，又稱作達摩（Dharma），簡單來說就是「法則」。換言之，這是一本講述「奇妙法則」的經文。

雖然人類難以理解這些神祕的法則，但你我、世界和宇宙也存在於其中。

死者的靈魂、輪迴轉世、假想的世界等，雖然有人不相信，但既然記載於宣揚真理的經文中，這樣不可思議的世界就會繼續存在。

第四章

邪氣

我非常喜歡小孩子，看見他們天真無邪地玩耍，比任何事情都還要能療癒我。

「無邪」一詞源自佛教。欲望和煩惱等邪惡思想被稱為邪氣。為了驅除這種邪氣，我們會進行抄經和淋水等修行。

但我們只會不斷意識到驅除邪氣是多麼困難的事，難以真正達到無邪的境界。

照這樣下去，我很擔心要是離開了這個世界，自己恐怕也會成為邪靈。

接下來我要分享的，是與天真無邪的孩子們神祕邂逅的故事。純潔清淨的孩子們即使失去了肉體，他們的靈魂似乎也不會改變。

公寓（一）

有一天，我正要吃晚飯的時候，接到了某間公寓管理員打來的電話。對方詢問：「可以請您現在馬上過來嗎？」我沒有多問詳細情況，只是回了句「我馬上就到」，然後就直接開車去了公寓。

我不問詳細情況也會前往現場是有原因的。

以前，同一家公寓管理公司聯繫過我。抵達公寓的時候，警方都在，而房間裡躺著一具自殺的屍體。在某些情況下，像是明確認定是自殺的時候，可以先讓僧侶誦完經，警方再進行詳細的調查。

我想這次可能也是同樣的情況，所以馬上就出門了。

該公寓有八層樓，落成到現在沒幾年，是屋齡很新的建築物。當我走到自動門前時，管理員來了。

這時，我才第一次聽到事情的詳細情況。據管理員的說法，八樓的住戶反應出現了小女孩的幽靈，希望我可以協助除靈。聽見不是意外後，我鬆了一口氣，便搭電梯直上八樓。

走出電梯時，委託人老夫婦已經站在那裡等候，但他們表示害怕進到屋裡。聽老夫婦說，昨天深夜聽見廚房有聲響，循聲過去查看，結果發現一個從沒看過的小女孩在碰餐具。正要開口時，小女孩一下子就消失了，餐具也掉到了地上。夫婦倆也不能做什麼，就那樣直接睡了，但早上起床後，發現櫥櫃的門、窗戶、衣櫃的抽屜都被打開了。

於是夫婦倆去找管理員查看監視器，卻沒有看見任何可疑人物，更別說是小女孩。但一個小時前，廁所和浴室傳來了小女孩的哼歌聲。

我聽完之後，走進屋裡。屋內的格局讓人聯想到高級飯店的精緻套房，有好幾間房間。其中一間是設有佛壇的和室，巡視後我決定在那裡誦經。

我一邊誦經，在心裡對著那個可能也在房間裡的小女孩輕聲說道，「妳不可以待在這裡喔。會嚇到住在這裡的人。」

誦完經以後，夫婦倆似乎鬆了一口氣，向我道謝，我便離開了房間。在八樓的電梯口和他們道別，獨自搭上電梯。

這間公寓的電梯有兩個垂直的窗戶。從八樓開始下樓的電梯窗戶可以看到八樓和七樓之間的牆，然後就會看到七樓的走廊，接著又是樓層和樓層之間的牆。

差不多剛好過了六樓，電梯的速度慢了下來。當我看到四樓的走廊時，走廊上站著一個小女孩，她看著我，向我揮了揮手。

雖然一瞬間感到害怕，但電梯並沒有停下來，重新加快了速度，下到一樓。

或許小女孩是來向我道謝的也說不定。

公寓（二）

有一天，以前造訪過的公寓住戶再次聯繫我了。之前曾出現小女孩的幽靈，不過從那之後一直相安無事。我還以為住戶是特意要向我道謝，但事實並非如此。想不到，這次小女孩出現在四樓，同樣的事情又發生了。

上次我誦經時對她說「不可以待在這裡喔」，她聽了我的話，離開八樓，搬到四樓了。

所以我再次前往公寓。這次我來到四樓，在那裡誦經。這回我誦經時，心中也祈禱小女孩能成佛，但僅靠一次的誦經供養是很難讓迷途的幽靈成佛的。如果比喻成人類，就像那些充滿迷茫或苦惱的人，很難只靠一次建議就完全拯救他們。儘管我這麼想，還是誠心祈禱她能夠成佛，並完成了誦經。

回程的路上，我獨自搭上電梯，我不太敢從電梯的窗戶往外看，所以我一直低著頭。

接著，電梯的速度慢了下來，就像剛開始運行的樣子。或許是有人要搭電梯，又或許是小女孩要來揮手，電梯停下來，門開了。沒有人進電梯。

我看向電梯上方的樓層顯示。顯示的是一樓。

我心裡正想著「太好了」並打算下電梯時，目光順勢投向一旁的液晶螢幕霎時愣住了。

液晶螢幕的畫面映出我的背影，還有個小女孩緊緊地貼在我的背後。

一瞬間，恐懼籠罩了我，但我覺得不能就這麼放任不管，於是我轉過身說：「跟我去寺廟吧。」卻沒有人站在那裡。

開車回寺廟的路上，我一直在想，不曉得那孩子去哪裡了，不曉得她有沒有順利成佛。開著開著，就在我把車開進停車場時，看了一眼後視鏡，發現那個小女孩坐在後座上。當下，與其說是恐懼，不如說我感到的是安心。她果然沒辦法成佛，就跟著我來寺廟了。

從那天起，常有一些信徒會問我：「那個在墓地玩耍的小女孩是誰呀？」或是加油站的員工會朝著後座揮揮手，並說：「您女兒好可愛呀。」晚上也時不時會聽到小孩子的腳步聲。現在她似乎很喜歡這座寺廟。

現在天天誦經的過程中，我也還是持續供養小女孩，祈禱有一天她能成佛，腳步聲終會有消失的一天。

後來輾轉聽說，那棟公寓建成之前，那裡曾經是一戶獨棟住宅。但是因為火災被燒毀了，在裡面發現了父母和小女孩的遺體。

也許父母已經先成佛了，只剩下小女孩一個人。

失竊的車

法師的工作之一就是教誨師。教誨師指的是到監獄去給受刑人講經說法的僧侶。

例如，如果受刑人希望找來某個宗派的法師，那麼該宗派的教誨師就會前來會面。

有時候教誨師時間上不方便，我就會代替他去。當時我也是因為這個原因而去了監獄。

我們就在刑偵劇中會出現的那種審訊室進行了會面。

委託人是個剛過二十歲的年輕人，他因竊盜罪入獄服刑。

他打過招呼後，立刻開始說起這次委託的內容。

——被逮捕之前，我的收入來源是偷車。

那些不鎖車門就離開的車主，簡直像是在對我說「來偷吧」。當時的我一點罪惡感都沒有。偷到車後，我再把偷來的車開到港口，移到認識的外國人船上，換取現金。

那天，我計畫在傍晚偷車，送去早上的第一班船，問題是在天亮之前的那幾個小時都不能被抓到。

晚上，我開車去港口，盡可能選擇一條人煙稀少的鄉間小路。

「好像會比預定時間早到。」我心裡這麼想著，所以半路上我關了燈，在車裡小睡片刻打發時間。雖然偶爾有車經過，但每輛車都沒有放慢速度，而是直接開了過去。

當我正要安心睡覺的時候，一輛車開了過來。然後，停在我的車前。一個女人從駕駛座下車，朝我走來。

「糟了。」我心想。

女人往駕駛座窗戶看了看，有些擔憂地問道：「你沒事吧？」

「啊，沒事，車子沒油，我朋友在路上了。」

我立刻編個理由矇混過去。「這樣啊。」女人邊說邊往車頂看了看，接著她說了奇怪的話，「趴在車頂上的孩子不知道跑哪裡去了。」

我不由自主地反問：「孩子？」

「嗯，剛才孩子還在車頂上呀。我有點在意才過來問一聲。」她說了莫名其妙的話。

「喔，孩子喔，沒關係，他馬上就回來了。」雖然聽不懂她在說什麼，但我希望她快點離開，就隨便胡扯了幾句。

「這樣啊。」那個女人便回到車上離開了。

畢竟被看到長相了，我決定馬上離開，於是我發動引擎，順著夜路往港口開去。

「但那女子講的話還真是讓人不舒服，車頂上怎麼可能會有小孩。」

我頓時感到有點害怕，便打開收音機。

在鄉間小路上訊號很差，音響喇叭只傳來沙沙的聲響。我轉了轉旋鈕。

突然間，我聽見了。

「沙沙……我在你背後……沙沙……」

夾在雜音裡的瞬間傳來了清晰的訊號。而且是小孩子的聲音。「我在你背後」這句話讓我忍不住回頭。

這時，伴隨著砰的一聲巨響，車子撞上了電線桿。

因為這場車禍，讓警方發現他開的是一輛贓車，於是他被逮捕了。而且，他的右耳也因車禍失聰了。

據說一到晚上，他耳邊偶爾會響起小孩的聲音：「我在你身後……」

那一天，我和他一起供養了陌生小孩的靈魂，之後他過得如何就不得而知了。

靈異節目

有人會說：「世上絕對沒有鬼。」如果沒碰過靈異體驗的話，我可能也會這麼說。我的朋友中山也是其中一人。有天晚上，他來到了寺廟，說是有事想請教我。

我認識他很多年了，一看見他的臉，我就知道他睡眠不足而非常疲憊。正好是晚餐時間，我們一起吃了一頓飯。吃飽後，我不疾不徐地向他問道：

「今天這是怎麼了？你想問什麼？」在我問完之後，他有些尷尬地說，

「如果家裡跑進鬼了，要怎麼趕出去啊？」我愣了愣，完全沒想過他會問出這種問題。

他會問這個問題，起因於一個星期前播出的靈異節目。

他平時根本不看這種荒謬的節目，但那天電視上的畫面有拍到他家公寓附近的池塘，他就接著看下去了。

對我來說，夏天的樂趣之一就是靈異節目，所以我也看了這個節目。

節目中一名自稱靈媒的男子指著池塘的對岸說：「有很多孩子的靈魂站在那裡。」

接著，靈媒進行除靈後表示：「孩子們的靈魂已經安全離開這裡了。」池塘邊的轉播到此結束。

當時，中山心想這是不可能的事。他每天上下班，但也從來沒有見過鬼。就算真的存在好了，除靈過後，孩子們的靈魂去了哪裡呢。

中山在心裡不禁鄙視，隨手關掉電視。

就在同時，他瞥了黑掉的電視畫面一眼，發現上面有無數小孩的手印。他再仔細一看，電視螢幕上的他，身後站著許多小孩。他嚇了一跳，回頭一看，卻沒有半個人。他告訴自己肯定是累壞了才會出現幻覺，當天立刻就上床睡覺了。

第二天早上，他看向電視螢幕，發現小孩的手印還在。雖然覺得有點詭異，但他還是擦乾淨了。

從那天起，在他睡著以後，電視和冷氣就會自己打開，甚至會聽見小孩子的笑聲。

聽完這件事，我們便一起去了他的公寓，為孩子們供養。在那天過後，孩子們的靈魂就不再出現了。

孩子們的靈魂平安成佛了嗎？還是跑去其他地方繼續玩耍了呢？

捉迷藏

有個小女孩對我說：「我們來玩捉迷藏吧。」我一口答應：「當然好呀。」然後開始了我們一起玩捉迷藏的日子。

這句話是經常來寺廟的女大學生祐子說的。這陣子，她經常在夢裡玩「捉迷藏」。平時的她十分開朗，但不知道是不是因為好幾天都作了同樣的夢，她看起來有些害怕。我問她：「妳還好嗎？」然後她好像下定決心似的開口說道。

——直到前陣子，我都住在大學的女生宿舍裡，升上三年級後，我才搬到了公寓一個人住。

自從住到公寓後，時不時就會作這個「捉迷藏」的夢。起初，我並沒有放在心上。然而，這個夢的間隔越來越短，本來只是一個月一次，慢慢變成一週一次、三天一次。而夢境內容也在過去一週開始發生變化。

平時都是我當鬼，但最近小女孩卻說：「今天換我當鬼，姐姐快躲起來。」「我數到十，快躲好喔。」小女孩說完就閉上眼睛開始數，「十、九、八……」我總是會在數完之前醒來。

隔天，小女孩一如往常地冒出來對我說：「今天也是我當鬼。」我說好，「那我數到九，快躲好喔。」「九、八、七……」然後我又醒了。隔一天，夢裡的小女孩說：「我數到八。」再隔一天，變成「我數到七」。沒錯。每一天，小女孩數的數會越來越少。

我每天晚上都感受到難以言喻的恐懼。就算告訴朋友，感覺只會被嘲笑，所以我也說不出口。最後，到了「一」的日子。

夢裡的小女孩說：「我數到一。」她閉上眼睛數了一，接著睜開眼，在我的面前說：「姐姐，找到妳了。」

我從床上跳了起來，心跳聲震耳欲聾，就像全速跑完百米一樣。我出了很多汗，所以乾脆洗個澡，換一套衣服。當我掀開被子準備再繼續睡覺時，小女孩竟躺在床上指著我說：「這次輪到姐姐當鬼了。」

祐子用求助的眼神看著我，並反覆對我說：「我說的都是真的。」聽完後，「我當然沒有懷疑妳。」我揮了揮手回答。接著，我又問她：「那夢裡的小女孩現在怎麼樣了？」她微微低著頭回應：「現在還在。」

「在哪裡？祐子妳的房間嗎？」

我這麼一問後，她泫然欲泣地說，

「現在……就在這裡。」

我不由自主地環顧了周圍，但沒有看到任何人。

「**這裡**是哪裡？」我追問。

「她現在抓著我的背。」她指著自己的肩膀後面。

「妳怎麼知道的？」

「因為從那天起，我的肩膀就很重。而且夢裡她總是說：『這次輪到姐姐當鬼。』不管我怎麼找也找不到。然後耳邊就會傳來她笑著說『妳絕對找不到我的』的聲音。」

說完以後，她像是承受不住恐懼般的哭了起來。

後來，我們決定在寺廟的正殿誦經供養那個女孩。那天以後，祐子又恢復到以前那個開朗的模樣了。至於夢裡的小女孩到底是誰，我們也無從知曉了。

迷路的孩子

「生靈很可怕嗎？」

有時候是滿可怕的。但也不全然是如此。比方說，我聽說過這樣的故事。

那是在年輕人升上大學四年級後，求職期間發生的事。

——到了大四的暑假，我都還沒有找到工作，所以很焦急。因為我的朋友們都大致有了目標，甚至有人已經拿到內定。

那天，我也去了心儀的公司面試，但沒有得到很好的評價。回家的路上，我一個人坐在公園的長椅上。夕陽西下，我被一種難以形容的孤獨感籠罩，突然有個小孩子向我搭話。

「哥哥，告訴我，我家在哪裡。」一個小學一年級左右的男孩，身上穿著睡衣。

「怎麼了？你迷路了？」對於我的問題，小男孩用力點了點頭。我覺得剛才感受到的孤獨感一下子就消失了。

「好，我們一起找吧。」我說，心裡大概有了一點頭緒。因為這個公園附近有家醫院附設兒童醫院，偶爾能看到住院的孩子和護理師一起散步。他穿著睡衣可能就是這個緣故吧。

我牽著小男孩的手，一起走向醫院。

去醫院的路上，我們邊走邊聊天，好讓他解解悶。

「你叫什麼名字呀？」我問他。他精神飽滿地回答，

「我叫木下颯太。我沒什麼朋友，你可以當我的朋友嗎？」

「當然可以，以後我們就是朋友了。」我是獨生子，認識颯太就像是多了個年紀相差很多的弟弟一樣，原本陰暗的情緒都消失得無影無蹤了。

不久，當醫院映入我們眼簾時，「不是這裡！」小男孩說完後甩開我的手，往反方向跑走。

他彎進一條狹窄的小巷，我急急忙忙追了上去，但巷子裡卻不見他的身影。而且，那條巷子是個死胡同，前面沒有路了。「這是跑到哪裡去了？」我四處找了又找，但還是沒找到人。

後來，我去了醫院的櫃台詢問。

「木下颯太現在在醫院裡嗎？」

「請稍等一下。」

等待櫃台人員回覆的時間感覺特別漫長。

過了一會兒，我終於得到回覆。

「木下颯太在兒童醫院的七〇三號病房。」

我向她道謝後，馬上走向颯太位於七樓的病房。

颯太在病房裡睡得很香。

「太好了，平安回來就好。」我鬆了一口氣。他的父母就在病床旁邊，一臉好奇地看著我。

我和他的父母打了聲招呼，並告訴他們剛才我和颯太在一起的事。聽完我的話，他的父母卻覺得我認錯人了，很詫異地看著我說：「颯太今天一直待在這裡。」

「不可能啊，剛才我們還一起……」話說到一半，我發現颯太小小的身體上接著一堆醫療儀器。

這時，颯太睜開了眼，對著我說：「哥哥，今天謝謝你。」他說的這句話有氣無力，像是奮力擠出來的一樣。

他的父母看起來相當驚訝，但在我看來這很正常。

不久之後的一天，我那位年幼的朋友颯太的生命蠟燭熄滅了。

在暑假快結束的時候，我終於找到了工作，那就是保育員的工作。現在我天天和很多小孩子待在一起，期待颯太會再次出現在我的面前。

這個故事中的颯太，或許是自己的意志化成人形去了外面吧。我不確定這是否符合「生靈」這個詞，可能也有人會覺得這是鬼故事。不管怎樣，我想可以肯定的是，被稱為「生靈」的東西離我們這些活著的人並沒有那麼遙遠。

別管我

在京都北部的鄉村有一座寺廟，我父親曾經擔任過那裡的代理住持。所謂的代理住持，指的是除了擔任住持的寺廟外，再管理另一座寺廟。

由於父親平時都在他擔任住持的寺廟裡，所以鄉下的寺廟就成了無人居住的無住持寺廟。

國中的時候，每到暑假我就會帶著大量的食物，和好朋友三個人一起去寺廟住宿，這是我們暑假的例行活動。

與京都市區不同，鄉下放眼望去是一望無際的稻田。有土壤的氣味。有溪流潺潺的流水聲。一到晚上就能聽見蟲鳴和蛙叫。沒有半個大人的鄉村寺廟。只有三個國中生彼此相伴的時光，是美好的另一個世界。

升上國中三年級的我們，明年將要各自就讀不同的高中。我們都知道升上高中後，我們就會忙於社團活動和課業，所以今年是最後一次住宿，有一種特別的感覺。因此，往年我們只住五天，那年決定在鄉下度過一個星期。

愉快又幸福的時光一天一天過去。人類很矛盾，快樂的時光總感覺過得特別快。這個時候，我特別有感。

一個星期轉眼就過去了，食物也吃得差不多了。最後一頓飯就像提前舉行的畢業典禮一樣，既感動又傷感。就連當時風靡一時的PRINCESS PRINCESS的歌曲《世界上最熱的夏天》至今仍深深地烙印在我的腦海裡。

最後一天。在鄉下寺廟度過的最後一個夏天。我們一路玩到了末班車的時間。

晚上八點以後，附近一帶都籠罩在黑暗之中。連個站務員都沒有的車站。月台上只有我們三個人，平日悅耳的蟲鳴和蛙叫聽起來也格外傷感。

過了一會兒，遠處傳來電車駛近的聲音，是時候要和這個美好世界道別了。

除了我們，車上只有一名乘客，是一位把大行李放在腳下的老奶奶。所以，包含我們在內，車廂裡只有四個人。

列車在途中停了一次。因為這是單線鐵路，上下行列車來來去去。

「請稍候五分鐘。」車廂內響起了廣播。

我們三個人望著窗外的風景，依依不捨地道別這個夏季狂歡活動。我們看著外面，回顧這愉快的一週。

就在我聊著回憶的趣事時，其中一個朋友看著外面，「咦？」突如其來的聲音打斷了我的話，他將身體探出窗戶看著外面。

一直顧著說話的我也仔細看向窗外，能看見一條河流在昏暗中流淌。河水流動的聲音傳進了車廂內。

「怎麼了？」我問朋友。

「那邊是不是站著一個人？」

「哪裡？」

「就在那條河的邊邊。」

仔細一看，發現一個小學生年紀的男孩站在那裡。

「真的耶。這個時間他在那裡做什麼啊？」

另一位朋友衝著那個男孩喊了一聲：「喂——」

站在河邊的男孩用非常悲傷的聲音回應：「別管我。」

「他說別管他耶。」

「要問問他在做什麼嗎？」

說完的瞬間，坐在對面的老奶奶突然走近我們，用嚴厲的語氣說道，

「安靜，別跟他搭話，要是他上車了怎麼辦！」

「上車了？」我們不明白這是什麼意思。

「你們聽得到那孩子的聲音吧。」

「咦？」

「你們會回不來的，安靜坐好。」

雖然沒聽懂是什麼意思，只知道自己被罵了，我們只好安靜地乖乖坐好。

接著，車廂裡又聽見了那個男孩的聲音。

「別管我。」「別管我。」「別管我。」

我感覺到那個男孩悲傷的聲音越來越近，我害怕了起來。待在這裡會很危險，似乎是人類迴避危機的本能讓我這麼想。

就在這時，車廂內的廣播響起：「謝謝您的耐心等候，列車即將出發。」電車開始行駛了。

十點過後，電車抵達京都市內的車站。下車過了一會兒，像是要宣洩在電車上無法說話的壓力一樣，我們嘰哩呱啦地說起話來。

「好可怕啊。」

「為什麼老奶奶要那麼生氣啊。」

「那個小學生這麼晚了在做什麼啊。」

電車裡的老奶奶、站在河邊的小孩子……我們一路聊到家。

快到家附近的時候，我說，

「那個小孩一直說別管我，是要我們別管什麼啊？」

結果我兩個朋友一臉納悶地回答，

「不是吧。他說的不是別管我……是別走吧。」

當時在那個河邊的少年會是誰呢。至今仍未知曉。或許是在那條河裡意外身亡的小孩靈魂吧。那個靈魂是不是看到我們玩得很開心的樣子，投射到自己身上了呢。

還是我們對最後的夏天依依不捨的念頭產生出來的幻覺呢……

在佛教中，有個詞叫做「愛別離苦」。

意思是「與相愛的人離別的痛苦」，據說是每個人一生中必定要經歷一次的痛苦。

現在回想起來，和那個少年的離別，就像和心愛之人離別，作為悲傷、思念而溫暖的回憶，至今仍留在心中。

就算現在長大成人了，再次去到那條河邊，他還會在等我們嗎？

「鬼很可怕。」人們常傾向於如此認為，但我不這麼想。本章介紹的孩子們的靈魂都是天真無邪的，絕對不是為了嚇人才冒出來的。就像我們這些擁有肉體的凡人，其中有純真的人，也有邪惡的人，死後的世界也會有各式各樣的靈魂吧。佛教為什麼要勸誡人們拋棄邪惡的思想呢？那是有原因的。

越是邪惡的人越是貪婪，一心追求自己的自由，一下子想要那個，一下子厭惡這個，變得任性自私，羨慕別人，嫉妒別人。因此，只會不斷朝向不幸的道路前進，越陷越深。

也許就算去到死後的世界也無法好好享受，只能羨慕別人，無論過了多久都無法成佛而飽受煎熬。

這章介紹的天真無邪的靈魂們，似乎在這個世界遊蕩了一段時間，現在肯定去到另一個世界過著幸福快樂的生活了。

第五章

冥界

發明家湯瑪斯・愛迪生也是著名的神祕學研究家。他曾以「存在死後世界」為前提進行某項研究，想製造一台可以與死者對話的機器。但即便愛迪生擁有聰明才智，最終也沒能實現這個夢想。如果要在現代進行這項研究，首先應該討論死後世界是否存在。

在佛經中有這樣一段關於與死者交流的故事。

釋迦牟尼的弟子中有一位叫目連尊者的人。目連尊者很好奇已故的母親現在在什麼樣的世界裡做什麼，他便用神通力觀察了天界。然而，他卻四處都找不到母親的身影。他也看過修羅界和畜生界，但同樣沒有母親的下落。一路調查到下界餓鬼道時，發現他的母親正飽受飢餓煎熬。

他急忙用神通力把水和食物送給母親，但送過去的每一樣東西都會著火，根本無法安全送到母親手上。苦惱的目連尊者只好向釋迦牟尼請教。

釋迦牟尼告訴他：「不能只想著救自己的母親，而是要救出餓鬼道的所有人，你的母親才能得救。」

於是，他召集大批修行僧，為身陷餓鬼道的眾生舉行供養法會。最後不光是母親，餓鬼道的所有人都因此得救。

據說這個法會是在梅雨季結束後的那個月份舉行的，所以，在日本，一到夏天就會舉行施餓鬼會，也就是盂蘭盆節。

接下來，我要介紹的是關於與死者交流的故事，但這些故事並不像目連尊者是為了主動進行交流而發生的。所以，這也許與愛迪生所追求的目標有些不同，不過仍可以作為證明死後世界存在的證據之一。

閒置空屋的住戶

我接到一通電話，希望我過去家中除靈。當我問道：「什麼時候方便？」對方語氣強烈地表示：「希望可以立刻就來。」

在房屋拆遷或裝修時進行除靈是常有的事，但這麼急迫的情況很少見。總之，我決定隔天就去一趟。

那棟房子是所謂的京町屋，是很久以前建造的。進到屋內發現傢俱還算齊全，但幾乎感覺不到有生活的痕跡，似乎已經好幾年沒有人住了。

在除靈之前，我從屋主那裡聽到了這樣的事。

距今大約三年前，這個家還住著一位老奶奶。某一天，身體不適的老奶奶就這樣在這棟房子裡去世了。房租每年一次性付清，所以屋主和她一年也只見一次面。而且，她沒有其他親人，遺體被發現時，她已經死好幾個月了。

我問為什麼到了這個時候才要除靈，屋主這才說其實在那之後的每年夏天他都會接到老奶奶打來的電話。

半夜睡覺的時候，電話鈴聲突然響起，他接起來問：「哪位？」電話裡傳來老奶奶的聲音說：「是我。」然後就掛斷了。他覺得有些毛骨悚然，於是聯繫了電信公司，想找出電話是從哪裡打來的。但奇怪的是，那個時間並沒有來電記錄。他心想，不可能有這種事，便將電話打來的日子記錄下來，結果發現前年也是在同一天深夜接到電話。

去年他覺得可能會在深夜再次接到電話，等著等著，電話果然響了。「請問是富美小姐嗎？」直接說出老奶奶的名字後，對方說：「是的，謝謝，剩下的就麻煩你了。」說完就掛掉電話了。

在那之後又過了一年，眼看下週又到了電話會打來的日子了。

屋主也不知道老奶奶要拜託他做什麼，總之他先想到要除靈，所以就主動聯繫我了。

雖然我也一頭霧水，但還是走進老奶奶住過的房子，尋找適合誦經的地方，然後發現有個佛壇，我便在佛壇前開始誦經。

閉上眼睛誦經時，我看見了三個人的身影。過了一會兒，周圍變得明亮起來，三人的身影清晰可見。一個是年輕人，另外兩個是一對年邁的夫婦。三個人看著我，雙手合十，向我連連鞠躬。接著周圍漸漸變暗，三個人的身影也慢慢不見了。我緩緩睜開眼睛，結束誦經。

我仔細看了看佛壇，發現那裡有兩個牌位。這時我終於明白老奶奶打電話來的用意。

這兩個牌位，一個是她丈夫的，一個是她兒子的。或許老奶奶在過世後也一直在為父子倆的供養操心，而她是想告訴屋主這件事吧。

了解一切後，我把這兩個牌位和老奶奶的新牌位拿到了寺廟裡供養，屋主今年似乎就沒有接到老奶奶打來的電話了。

自殺勝地

每一年我們幾個修行時期的同期生固定會找時間聚在一起，互相分享自己的活動。由於大家都是遠道而來，所以我們經常會在旅館住一晚。

那一年，我們大概六個人聚集在一起，去了靠近大海的溫泉旅館過夜。我們吃著飯，也互相分享彼此的個人活動，還泡了溫泉，正當大家說差不多該睡覺的時候，旅館的女老闆向我們搭話。

女老闆知道我們是僧侶後，說有事情想拜託我們。

於是我們六個人聚集在一個房間裡，決定聽一聽女老闆的故事。

女老闆看起來神情有些落寞，聽完她的故事後，我們終於明白原因。

女老闆的丈夫在結婚沒幾年後就病逝了。剩下她一人一邊撫養獨生子，一邊經營著這家旅館。

但他的兒子在十六歲時誤入歧途，加入暴走族的行列，多次被警察輔導。接著又發生了另一件大事。眼看她的兒子就要滿二十歲的時候，他自殺了。據說他是在距離這間旅館不遠的一處自殺勝地的海岬上投海自殺。

今天正好是她兒子的忌日，她希望我們為她兒子供養。我們當然答應了。女老闆說她工作一結束就會立刻趕過來。

我們一群人先前往她兒子投海自殺的海岬，發現有幾個年輕人把車開到了這裡。我向他們解釋了原因，希望他們可以在誦經期間保持安靜。他們聽了之後便表示理解，並關掉汽車引擎。

接著，我們坐在寧靜的海岬，朝著大海開始誦經。在我們全心全意專注誦經時，海岬上的幾個年輕人也跟著下車和我們坐在一起，雙手合十。

數十分鐘的誦經完成了。

往旁邊一看，剛才還在這裡的幾個年輕人連同他們的車都不見了。不曉得他們去了哪裡，連汽車離開的聲音都沒聽見。正當我們感到納悶時，身後傳來女性的啜泣聲。我們驚訝地回過頭，發現旅館的女老闆正站在那裡。她一結束工作就趕來找我們了。

回到旅館後，女老闆告訴我們，誦經的時候，她耳邊傳來了兒子的聲音。她一直聽見：「對不起，媽媽。對不起。對不起。」

我告訴女老闆，剛才在海岬上的年輕人也跟著我們一起合掌誦經了，不過她卻有些疑惑地歪著頭。女老闆說我們一開始誦經時她人就趕到了，但並沒有看見我們所說的年輕人。

或許她兒子也在那群年輕人之中。還與其他同樣年紀輕輕就結束生命的夥伴們，一起合掌祈禱了。

香食

「向死者供奉水果和點心有什麼意義嗎？」偶爾會有人這麼問我。

我確實沒有看過供奉水果和點心憑空消失或被啃過。不過，我以前聽過一個說法，「死者吃的是香氣。」供品枯萎或失去水分就是證據。那佛經上是怎麼描述這件事的呢？回答這個問題之前，我想先分享我的經驗。

我認識的房地產公司收購了一間空置多年的房子。因為好幾年都沒人居住，所以房子內部損壞得滿嚴重的。房子裡雖然落滿了灰塵，但書桌、衣櫃、餐具等等都原封不動地放著，彷彿直到昨天都還有人居住一樣。

以前的住戶是一個無依無靠的老婦人，她因為身體不舒服被救護車送往醫院，最後仍不治身亡。由於房子已決定拆除，所以房地產公司的人打算讓房子保持原樣，準備直接離開。當時，有個東西吸引了他的目光。

那是一個用白色包袱布包裹的盒子。因為同樣的盒子看多了，不用打開也知道裡面裝的是骨灰罈。於是他們聯繫我：「希望您能來取骨灰罈。」輪到我出場了。我正好剛吃完晚飯，所以馬上就出門了。

我接過骨灰罈，打算帶回寺廟，於是立刻拆開包袱布，看了看裡面。我本來以為只是個空骨灰罈，但裡面確實裝著骨灰。她無依無靠、沒有親人，也不知道她的骨灰是怎麼放在那裡的。我心想，「死後無依無靠也很可憐。」決定直接帶回寺廟供養。

回到寺廟時，通常這個時間的我已經在洗澡放鬆了，但我還是立刻到正殿供養誦經。我想她應該寂寞很久了，所以點了比平時還要長的香，便去洗澡。

洗完澡後，我到正殿查看香是否燒完了。

當我打開正殿的門的那一刻，看見一位老婦人正用雙手專注地吃著線香的煙。我差一點就發出聲音，但突然想起了一件事。那就是佛經中有「香食」這個詞。「香食」指的是死後的靈魂「吃香氣」的舉動。或許是已經很多年沒有人為她點線香或焚香了吧。看著她拼命地吃香的樣子，與其說是害怕，更多的情緒是悲傷。我悄悄地關上正殿的門，默默回房睡覺。

第二天早上，我供奉上鮮花、水果、點心和茶，再一次誦經。

藉由這故事，希望大家也可以為祖先或去世的人獻上香噴噴的供品。

葬禮

某次，我們寺廟舉行了守靈儀式。亡者的四歲兒子也有出席。「廁所在哪裡？」小男孩問。我告訴他們位置後，他的母親牽著他的手說要陪他一起去。但他卻說：「要去廁所的不是我，是爸爸。」親戚們以為小男孩是還沒有理解父親的死亡而精神混亂，便告訴他：「爸爸死掉了，不用去廁所的。」小男孩卻回答：「爸爸口渴了要去喝水。」

據說人類在臨死的時候會很想喝水，這就是為什麼在亡者去世後不久，要用水沾溼他們的嘴唇，人們稱為「臨終水」。

聽了小男孩這一番話，我告訴他：「爸爸可以喝我們供奉給他的水喔。」小男孩便說：「爸爸，法師說你可以喝這個水耶。」彷彿他的父親在場一樣。一旁的親戚好奇地上前問：「你可以跟爸爸說話嗎？」他有些納悶地點了點頭，像是不理解對方為什麼要問這麼理所當然的事。

然後，母親對小男孩說：「爸爸最後好像說了些什麼，但媽媽沒有聽清楚，你可以幫我問一問嗎？」小男孩走到正殿的角落，對著牆壁問：「爸爸，你說了什麼？」「嗯、嗯。」小男孩連連點頭說：「我知道了。」然後他走到母親面前說：「爸爸房間的書桌抽屜裡有一封信，說是要給媽媽看的。」

第二天葬禮結束後，那位母親告訴我：「兒子說的那封信真的在我先生的書桌抽屜裡。」並把信拿給我看。信中丈夫對一直陪伴自己的妻子表達深深的感謝，也寫了和兒子道別的話。他或許是想在離世之前交代這封信的存在吧。

「我才是想說謝謝的人。」那位母親哭著說。小男孩突然開始自言自語：「為什麼在這裡……」接著他又問：「爸爸，我們下次什麼時候可以見面？」他似乎得到了答案，朝著空中揮了揮手說：「知道了，我會告訴大家的。再見，拜拜。」便朝著我們走來。「爸爸說謝謝，還說我們要記得想他。」聽完這番話，周圍紛紛傳來抽泣聲。

我接著問小男孩：「爸爸去了哪裡呀？」他笑容滿面地回答我：「大家的心裡。」

幾年過去了，小男孩現在都上小學四年級了。在那之後，他似乎就再也沒有見過父親的身影了。不過，他告訴我：「雖然我再也見不到爸爸了，但偶爾想起來，心裡會暖暖的，我想這就是爸爸活在我心裡的證據吧。」這一刻，連我的心裡都溫暖了起來。或許男孩的父親也活在我的心裡也說不定。

偵探先生

每天都會有各行各業的人來到我們寺廟，這天來的是個從事偵探工作的男子。說到偵探，大家的腦海裡應該會浮現像電視劇的帥氣偵探，但這位男子體型略胖，看起來不太擅長劇烈運動。

暫且不論這個，我立刻詢問他要諮詢的事。

「請您看看這個影片。」偵探先生邊說邊拿出影片。影片開始播放後，畫面裡出現的是一個房間。

「這是一名獨居女子安裝在房裡的針孔攝影機所拍下來的畫面。」我們看著影片，偵探先生在一旁解釋。畫面上沒有什麼變化，片刻過後，一名年輕男子進了屋內。這名男子瘦瘦高高的，帶著一些陰鬱的氛圍。雖然知道這個影片不是現場直播，但我的心臟依然跳得比平時還要快。影片中的男子有些焦躁不安地在房裡徘徊。過了一會兒，他在電視機前的小桌子前坐了下來，像是有交談對象一樣，開始說話。因為影片沒有聲音，所以什麼都聽不見，但他很明顯聊得很愉快。他自言自語兩三分鐘後，突然起身離開房間。影片到這裡就結束了。

「您注意到了嗎？」看完影片後，偵探先生問我。

「嗯，只知道有個行徑詭異的男子。」我不太明白他問題中的含義，只能這麼回答。

「那我就先從這個男子說起吧。」說完，他拿出一份關於男子的資料，一邊確認資料一邊繼續說下去。

據偵探先生的說法，男子是同一棟公寓的住戶，他的房間就在影片中這個房間的正下方。男子考上了京都的大學，從今年春天開始入住。

他給女委託人看了影片，並建議她「依非法入侵報警」。但在那之前，她想知道男子為什麼要進屋，又是在哪裡拿到鑰匙的。於是偵探先生直接找上男子見面交談。偵探先生是這麼描述當時過程的。

——我直接去了男子的房間，打算與他對質。按門鈴後，主動把偵探事務所的名片遞給他看，他一臉疑惑地請我進屋。「發生了什麼事情嗎？」他看起來絲毫沒有頭緒。我心想：「這人還想裝蒜。」於是直截了當地說出他非法入侵女子房間一事。聽到這話，他卻說：「是人家找我去的耶。而且，門也是那間房的住戶開的啊。」

「少撒謊了，我可是有影片的。」雖然很想這麼說，但對方裝傻到這種程度的話，可能對我也不利，所以我決定先離開。

我將這件事告訴委託人，得出的結論是明天就去報警。

那天晚上，我回到事務所，開始整理要提供給警方的資料。在剪輯影片截取關鍵內容時，我注意到一件奇怪的事。

偵探先生說到這裡，又把影片拿給我看。這時候，我也注意到了。在男子進入房間開始自言自語之前，他的面前出現了一個淡淡的人影。

「你知道這個影子是什麼嗎？」我問。他點了點頭，繼續說下去。

我注意到這一點，也讓委託人看了這個影片。當然，她感到很害怕，並說：「在弄清楚這個人影的真面目之前，我會先借住在朋友家，麻煩你盡快調查。」我們決定暫時延緩報警，為了查明人影的真面目，我再一次去見了住在樓下的男子。

面對我的二次造訪，男子這次也讓我進屋了，而且臉上沒有任何不悅。於是我問：「你和樓上房間的住戶是什麼關係？」

「他跟我一樣都是岩手縣出生的人，把妻子和年幼的孩子留在鄉下，離鄉背井到異地工作。我搬進這個公寓的時候，他注意到我的岩手口音，所以跟我聊了幾句。現在他就像我的親人一樣，有時候我會到他屋裡，聊聊家鄉的事，也會聊聊生活的煩惱。」

根據我多年當偵探的直覺，從他說話時的動作和聲音的氛圍等線索來看，我確信這絕對不是編造的故事。這時，我第一次讓他看了影片。看過影片的他驚訝得連話都說不出來。

於是，我決定去調查一下這棟公寓建造之前發生了什麼事情，結果查出一件很有意思的事。

聽說這棟公寓以前是某間建築公司的員工宿舍，專門給外地來的員工居住。我發現當中的確有來自岩手的人。而且，正如樓下的男子所說，他的妻子和小孩都在鄉下。然而，他在施工現場遭遇事故，不幸離開了人世。他當初居住的房間就是委託人的房間。或許是男學生的岩手口音讓他覺得很懷念才冒出來的吧。

「原來是這麼一回事啊。」在我理解事情的來龍去脈後，寺廟的呼叫鈴響了。那名女性委託人和男學生來了。他們是一起來供養的。

我在正殿開始誦經。最後，我念出逝者的名字，完成供養。一回頭，卻發現坐在我身後的男學生哭起來了。「怎麼了？」我問，結果從他口中得知驚人的事。

「我現在才知道去世的人的名字，那是在我小時候到外地工作不幸罹難的父親的名字。」

男學生碰巧住在了他父親生前所居住的地方。或許他是想讓在京都獨自生活的兒子知道自己也曾經住在這裡。從那天起，人影不再出現在女性委託人的房裡，但他現在偶爾會出現在男學生的夢裡。

護身符

那是發生在我高中畢業那年夏天的事。那天天氣很好，所以我一個人騎著重機去旅行了。我迎著夏天的風，爽快地在路上馳騁。沒想到，行駛在前面的卡車突然煞車。我嚇了一跳，連忙把龍頭往右轉，避開了碰撞。但因為我騎到了對向車道，和前方行駛而來的卡車撞了個正著。我被撞飛到空中，再重重地摔在地上。我的意識逐漸模糊，隱約聽見響亮的尖叫聲和救護車的鳴笛聲。醒來時，我已經躺在醫院的病床上。

我的右腳小腿血管破裂，指尖的指甲也全都脫落了。但除此之外，我沒有任何地方受傷。醫生也很驚訝，說我只受了這點程度的傷只能說是奇蹟。對方司機也沒有受傷，儘管錯在於我，他還是來探望我了。然後那位司機說：「話說回來，你這超出凡人的跳躍能力讓我大吃一驚啊。」後來警察也說：「你是不是有在做什麼運動呀？正常情況來說，當場身亡都不奇怪。」

根據車禍現場鑑定結果，重機偏離到對向車道，與卡車相撞後翻覆，直接被壓在卡車下面。而我從重機上被甩出去時，在撞到卡車之前高高飛起，只有右腳擦撞到卡車車頂，接著就摔到了地上。

雖然我幾乎沒有相撞後的記憶，但在那之前的事仍然記憶猶新。前面那台卡車突然煞車前的幾秒鐘，感覺好像有什麼東西抓住了我的褲子後面。當我為了閃避前面的卡車而偏離到對向車道時，似乎有什麼東西把我抬起來了。我從重機上被甩了出去，車身翻覆，而我被一把拉到空中，只有我的右腳沒來得及閃避而擦撞到卡車車頂。在我即將要撞擊到地面時，那雙抓住我的手鬆開了我。我的意識逐漸朦朧，最後看到的是一條飛向天空的巨龍。

我本來以為是幻覺，但被抓住褲子的感覺，還有撞擊前異於常人的跳躍能力，都讓我確信是那條龍將我抬起來，救了我一命。

出院後，我去領回警察局代為保管的重機。那台重機被撞得面目全非。見到它的瞬間，我總覺得是它代替我受了傷，心裡充滿歉意。雙手合十向重機道歉後，無奈只好請業者協助回收處置。重機上掛了一個交通安全護身符，我就取下這個護身符帶回家了。因為恍惚中看到了龍，所以回到家後，我馬上打開護身符取出裡面的木牌。木牌精準地裂成了兩半。我把兩塊木牌合在一起，上面寫著「龍神之守護」。

當時的事故給很多人添了麻煩。我能像現在這樣好好活著，全是多虧了周圍的人與那些在看不見的地方守護我的神佛，活著的每一天我都心存感恩。

佛壇店

京都有一家加茂定佛壇店，是一家擁有一百六十年悠久歷史的老字號佛壇店。這家佛壇店的年輕老闆加茂裕人和我年紀相仿，所以與我的關係就像朋友一樣。因此，如果有不方便拜託其他寺廟的事情，他都會找我商量。當時也是這樣的情況。

加茂說，有位熟人出租的房子因為嚴重老化而即將被拆除，剛好離他家不遠，他就去看看了。屋內有一個老舊的佛壇，裡面擺了很多牌位。那棟房子幾年前還住著一對老夫婦，但兩人相繼去世了。

這對夫婦有一個已經出嫁的女兒，葬禮由女兒舉行。但女兒因為嫁到東京也不會繼續住了，就把這棟房子還給屋主。家居用品都處理掉了，但佛壇還留在那裡。屋主想得很簡單，反正本來就要拆除房子，到時候再把佛壇一起丟掉就好了。

加茂得知此事後，心想「身為佛壇店不能就這樣放任不管」，於是委託我做佛壇的閉眼供養（廢棄佛壇時進行的供養）。因為是沒有施主的佛壇，所以不好拜託別人。

我當然很樂意地接受了，然後馬上前往那棟房子。順利完成閉眼供養，佛壇則由加茂處理，但問題是那些牌位。雖然我也可以帶回寺廟，但如果要燒毀的話，我還是希望可以取得親屬的同意。

於是，加茂透過屋主，和人在東京的女兒取得聯繫，那位女兒表示願意來寺廟一趟。

幾天後，女兒一個人來到寺廟裡。她淚眼婆娑地說出不得不放下佛壇和牌位的原因。

她剛滿二十歲就嫁到東京去了。留下父母兩人就這麼離開，讓她心裡很難受，但父母很爽快地送走她，並說：「別為我們擔心，妳要幸福喔。」

據說，她的公婆很嚴厲，甚至不允許她回娘家。她很自責地說，公婆會對她那麼嚴厲，是因為她生不出孩子。

想不到結婚後第一次允許她回娘家，就是去參加父母的葬禮。既然沒來得及報答父母的養育之恩，她希望至少能繼續供養。但她的婆家沒有宗教信仰，既不允許她設立佛壇，也不同意她帶回牌位。

這次公婆也很反對她來京都，但在她苦苦哀求下，才勉強准許她當日來回。一起聽到這裡，加茂忽然說：「請在這裡等我一個小時。」便飛奔到某個地方去了。

而我和那名女兒兩人先為她的父母誦經。大約在誦經結束的同時，加茂滿頭大汗地回來了。

「你去哪裡了？」我問氣喘吁吁的他。

「我去找師傅幫忙做了這個。」他說，手裡拿著一條類似項鍊的東西。

項鍊的末端掛著一個掀蓋式的吊墜，裡面刻著她父母的戒名。

「這樣就不會有人抱怨了吧。」加茂有些自豪地說。女兒看到後，哭著向他一遍又一遍地道謝。

大約一年後的某一天，那女兒再次來到寺廟。

這次她不是一個人，而是和丈夫、公婆及剛出生的兒子一起來的。

「這孩子是我爸媽投胎轉世來的。」她滿臉幸福地說道。

至於她為什麼會認為是父母轉世，是因為剛出生的男孩右肩上很神奇的有一塊和她母親一樣的胎記。

「我們要去加茂定佛壇店買佛壇回來供養。」她的丈夫和公婆如此說道。

防空洞

「我接下來要說的是真實的故事。」徹也可能是因為太激動，講話有些奇怪。

「知道了，你先冷靜下來再講。」我說。他深吸一口氣後，接著開始說這個故事。

據他的說法，每年八月十五日，也就是盂蘭盆節期間（關西是在八月）都會發生這件事。

晚上睡覺的時候，會有人輕輕拍打他的臉頰，一個女人的聲音在耳邊輕聲說：「你還有呼吸嗎？」

剛開始，他以為是盂蘭盆節回來的祖先靈魂來確認他健不健康，所以他並沒有感到很害怕。

但他卻接著說，那個人可能不是他的祖先。

那一年剛過七月不久，他家的下水道被堵塞了，所以進行了水管更換工程。結果，竟然從房子底下發現防空洞遺跡。

在他和家人討論該怎麼辦的時候，業者是這麼說的：「有時候難免會碰到啦。反正又沒有發現白骨，京都也沒發生過大空襲，就這樣埋起來吧。」於是防空洞就直接埋起來了。

然後，隨著八月十五日的臨近，他看了看月曆，忽然發現一件事。

「原來盂蘭盆節跟終戰紀念日是同一天呢。」所以，他想：「每年都來床邊的那個女子很可能不是祖先，而是死於戰爭的人。」一想到那不是祖先的靈魂，而是完全不認識的人時，恐懼突然湧上心頭。

在那之後，他開始害怕八月十五日的到來，所以他來找我，希望我可以幫他想想辦法。

於是我告訴他：「從今以後，每年盂蘭盆節期間，你不僅要為祖先供養，也要為在戰爭中喪生的人供養。」聽完後，他說：「原來如此，這算是做好事啊。」他放心地回家了。

我並沒有跟他說，但我想每年來找他的女人可能和戰爭有關。因為他來寺廟諮詢的那天晚上，我做了這樣的夢。

在一個漆黑的防空洞裡。一個抱著嬰兒的女人，一邊問「你還有呼吸嗎？」一邊拍打孩子的臉頰，確認他的安危。然後我也感覺到有人在拍打我的臉頰，沒多久我就醒了。

雖然不曉得那對母子後來怎麼樣了，但我希望大家在盂蘭盆節時，不要只是供養自己的祖先，也可以供養去世的所有人。

人類是從什麼時候開始認為肉體和靈魂是分開存在的呢？說到最具代表性的例子——埃及木乃伊就是基於這個想法而製作的。

他們認為死後靈魂回到這個世界時，必須要有個可以讓靈魂回來的肉體，所以他們充分運用當時的技術，致力於製作木乃伊。但遺憾的是，並沒有死後復活的木乃伊證實這個想法。

死後的世界究竟是什麼樣的呢？肉體和靈魂是分開存在的嗎？佛教認為人死後，靈魂會輪迴轉世到一個新的肉體裡，所以我相信這一點。

不管怎麼樣，我們遲早都會迎來死亡，所以沒有必要急於現在就下結論。

重要的是如何活在當下。過去的行為造就了今天的你，而現在的行為將會造就未來的自己。我們這輩子的為人處世將造就自己的下輩子。

「那麼，我們為人處世該抱持怎麼樣的心呢？」所有答案就寫在「佛經」上。

從很久以前所流傳下來的佛經，可以說是釋迦牟尼從過去寫給未來眾生的信。希望這本書可以成為大家開始閱讀佛經的契機。

第六章

京都的黑暗

京都有許多寺廟和神社。它們不僅歷史悠久，而且各自有自己存在的意義。

比方說，有的寺廟擔負著守護京都的結界，有的神社具有平息怨靈的作用。

此外，京都的地名也是能發揮作用的。代表性的例子就是京都的祇園。在當地還沒有命名為祇園的時候，瘟疫正在京都蔓延。人們害怕這種疾病，於是從釋迦牟尼居住的「祇園精舍」中取「祇園」為該地區命名。而祇園最有名的「祇園祭」也是當時為了驅除瘟疫而舉行的祭典。

就這樣，京都的古老建築物和地名擁有自己的歷史，是一座古今並存的城市。接下來，我將和大家分享幾個融合了過去和現在的京都故事，敬請期待。

人肉的味道

京都的上京區有一座叫做立本寺的日蓮宗寺廟，每月八日會舉行名為鬼子母神祭的祈禱會。

這個名為鬼子母神的神原本是擁有一千個孩子的鬼，而且還以人類小孩為主食。每當祂肚子餓，就會去人類的村莊抓小孩來吃，而那些孩子被抓走的父母當然會崩潰，痛惜不已。

有一天，這個鬼最疼愛的么子失蹤了。著急又擔心的鬼跑遍各個村莊尋找，卻始終沒有找到。因為過度悲傷和擔憂而身心俱疲的鬼，找上佛陀想尋求忠告。佛陀說：「那孩子來我這裡了。」然後把孩子還給鬼。祂對喜極而泣的鬼說：「你現在的悲傷放在人類父母身上也是一樣的，以後不要再吃人類的小孩了。」

鬼答應了，並發誓今後要成為守護孩子的神。

然而，過了幾天，鬼又去找佛陀了。

「佛祖，我現在不吃人類小孩了，改吃別的東西，但人類小孩的味道實在讓我難以忘懷。我該怎麼做才能擺脫這種痛苦呢？」

接著，佛陀拿出一個說是具有人類味道的水果。那個水果就是石榴。據說那種酸酸甜甜的味道就是人類的味道。

當然，我從來沒有吃過人。所以我不知道石榴的味道是不是就是人類的味道，但真正吃過人肉的人說，就是這個味道沒錯。

那位說自己吃過人肉的人已經去世了，他也是個法師。據說，那是戰爭期間他前往某座島的最前線時發生的事情。

在戰爭即將結束之際，他所在的部隊因為缺乏糧食，很多人都餓死了。看不下去的軍官暗中吩咐伙食兵把死人肉放進去。

大家毫不知情，還以為是島上捕獲的動物的肉，吃得津津有味。和一般的動物肉比起來，嚐起來有點酸酸的，但一想到都快餓死了，就不是很在乎這些事了。就這樣吃了幾天，雖然大家心裡都覺得怪怪的，卻沒有人問過這些肉是怎麼來的。或許大家都隱約意識到這可能是人肉。

幾天後，戰爭結束的消息傳到了島上，所有倖存者都返回家園。回國後過了幾年，部隊戰友們舉辦了一次聚會，他也出席了。大家最在意的就是那時候的肉。但當年的幾個伙食兵都在戰後去世了，真相不得而知。

那天回家後，他夢見了當年的幾個伙食兵，他們頻頻低頭道歉說：「我們做了對不起你們的事。」

隔天，他有點在意前一晚的夢，就去伙食兵戰友的墳墓參拜了。想不到昨天剛見過面的其他戰友們也都來了。

原來，昨晚所有人都作了一模一樣的夢。震驚之餘，當年擔任軍官的人也來了，這時所有人才第一次得知真相。當時伙食兵哭著把生病的、受傷的、自殺的人的肉煮成了大家的飯。

那名軍官一回到日本後就馬上出家，持續為部下們供養。告訴我這個故事的人當場也下定決心出家，成為一名法師。

這個故事說到最後，他感慨地說：「當時的我簡直是鬼。現在我改過自新，一心侍奉佛祖，不曉得當時的夥伴有沒有原諒我了。」

聽到這個故事幾年後，這個人就病逝了。而後來的故事就發生在我參加葬禮後回家的晚上。

那晚睡覺的時候，很多士兵出現在我的夢裡，對我說道：

「我們不恨，我們一點都不恨。」他們就像唱歌一樣齊聲說著。然後我看見那位跟我說這個故事的人被同袍接走了。等我醒來時，我的眼裡充滿了淚水。

外星人的真面目

「我發現外星人了！」經常來寺廟裡幫忙的青年勝穗這麼說。被汗水沾濕的襯衫緊貼在他的皮膚上，他汗流浹背，有點興奮地說了起來。

——昨天早上，我騎著摩托車去父親的事務所時，聞到燒焦的味道。一種不好的預感湧上我的心頭，我連忙趕過去看，獨棟的木造事務所失火了。父親在事務所前拿著滅火器拼命滅火，說是已經聯絡消防隊了。這時，火勢突然開始減弱。

我正納悶怎麼了，就看見一個可疑的人影從事務所的橫牆上跳出來，突然跑走了。我立刻騎摩托車追上去。但是，那個人以超出凡人的速度跑過堀川通，一路逃到了一條戻橋底下。

我馬上往橋下一看。結果，有個手腳異常修長，頭上長著角的東西，在與我四目相接的瞬間原地消失了。「有外星人！」我不自覺地大喊出聲。一個遛狗的男人還很驚恐地看著我。

當我再度回到事務所時，我看見父親正在低頭向消防員道歉。我便上前問怎麼回事，聽說在我騎車離開後，火勢突然減弱，幾秒鐘後就完全熄滅了。事務所的立式招牌被燒個精光，橫牆只是稍微燒焦而已。起火原因似乎是在外面抽菸的父親隨手把煙頭扔到招牌上了。幸好火勢並不嚴重，但我好奇的是那個「外星人」的真面目。你可以跟我一起調查嗎？

聽完勝穗這麼說，我決定陪他一起調查真相。說是這麼說，不過我似乎有了一點頭緒。但這個時候我還不清楚祂的目的，總之，我先把自己的猜想告訴勝穗。

相傳一條戻橋下是安倍晴明藏匿式神的地方。式神指的是晴明可以操縱自如的妖怪和鬼。式神也寫作「式鬼神」，或許它的真面目就是鬼吧。假設這個理論是正確的，問題是祂出現在勝穗父親的事務所要做什麼呢？於是我詢問他父親是從事什麼工作的。

他的父親是一所大學的名譽教授，正在研究「神佛習合」。據說發生火災的事務所裡還放著有關「神佛習合」的貴重資料。

這只是我的假設而已，在安倍晴明生存的時代，或許他已經預知明治維新後將發布《神佛分離令》，會不會是想再次實現「神佛習合」的晴明在一條戻橋設置式神，並命令式神在自己死後要幫助做相關研究的人呢？是不是式神為了保護「神佛習合」的貴重資料，才會出現在資料將要被燒成灰燼的地方，又用了某種方法撲滅了火呢？

我把這件事告訴他，他這麼回答。

「現代人說的外星人搞不好其實是這種式神也說不定。總之，我先去一條戻橋道個謝吧。」說完他便騎著摩托車離開了。

他離開後我才想起來，「一條戻橋」被稱作是與靈界連接的橋，過了橋就會去另一個世界，所以也是一座送走死者「一去不回頭」的橋。

我不由自主地在心裡祈禱他能平安回來。

土裡

「剛建好的房子裡接連發生奇怪的事。」我接到一通這樣的電話。收到委託後，我便去了那棟房子。

房子的外觀雖然是西式的，但室內是日式風格，房子的正中間還有個微型庭園，感覺就像來到了一間料亭一樣。

於是，我馬上向屋主請教：「發生了什麼事情呢？」屋主聽了有點不好意思地娓娓道來。

「我在大學裡是教科學的，所以我覺得談論非科學的事情有點奇怪，但就是發生了科學難以解釋的事。

比如，我和家人一起在餐桌上吃飯時，突然發生大地震。我們慌慌張張跑到外面，結果附近的住家看起來卻跟平時沒什麼兩樣，問了鄰居也說沒有地震。還有一次，家裡的走廊、臥室和壁櫥裡突然出現很多土。明明是剛蓋好的房子，有時候會突然沒電，不然就是燈具失靈完全不亮。當然，我們也有請水電師傅來檢查過，但都沒有發現任何異常。」

屋主好像很抗拒談論非科學的事情，但他認為這種現象應該是什麼靈體引起的，所以委託我追究出原因。

我其實不算是有靈異體質，但還是決定在房子裡四處看看。不過，每個房間擺放的傢俱看起來都相當高級，我的目光實在很難不被那些東西吸引。

當我來到屋主的書房，有幾個東西引起了我的注意。屋主的大桌子上盡是一些精美擺設，唯獨一處格格不入，上頭擺放的大多是陳舊的東西，例如古木製成的人偶、刮痕遍布的水晶球，甚至還有木製的護身符。我想這些可能是某種祈禱或儀式上使用的東西，但對於相當忌諱非科學事物的屋主來說，把這些東西擺在屋內就很奇怪了。

問起這件事，他說：

「在拆除舊房子要蓋這棟新房子的時候，在土裡發現一個木盒子，打開一看，裡面就裝著這些東西。雖然不知道是什麼，但都是年代久遠又少見的東西，我就擺在這裡了。」

聽到這裡，我明白了為什麼這棟房子會發生那些難以解釋的事。

自古以來，日本人建造新房子的時候，人們會向那片土地獻上貢品。地鎮祭就是這樣的儀式。儀式中，有一種叫做「鎮物」的習俗，會把護身符和水晶球等埋入土中。當然，放到現在也不是什麼稀奇古怪的事情。舉一個大家都知道的例子，相撲選手走進土俵時，往地上撒鹽的動作也是一種地鎮。

於是我尋問屋主：「舉行地鎮祭的時候，您有鎮物嗎？」他回答：「我們沒有舉行地鎮祭，當時我不覺得那種儀式有什麼意義。」

於是，我建議他在庭院鎮物。第二天，我把水晶和木牌放進箱子裡，埋到地下深處並誦經。自那天起，再也沒有發生過奇怪的事情了。

俗話說「溫故知新」，古老的習俗和文化之所以存在一定是有意義的。據說，那位屋主如今在大學課堂上也會告訴學生：「人生中總會碰到無法用科學解釋的事。」

看得見的人

他說自己是「看得見的人」。

所謂的「看得見」，指的是他能看見幽靈。

他來自九州，就讀京都的大學，畢業後就在京都擔任高中教師一職。之所以認識他，是某次去他任教的高中演講，因緣際會結識為友。他對我的故事深有共鳴，所以偶爾會來寺廟玩，想多聽一些故事。

有一天，他興高采烈地說：「我好像快要有女朋友了。」用「好像」這種事不關己的詞讓我覺得有些奇怪，所以我好奇詢問：「你是去算命了嗎？」他卻回答：「我不相信算命的。」那又為什麼會用「好像」這種詞呢？見我疑惑，他告訴了我這樣的故事。

——故事起於大學時期的一個暑假。沒什麼特別愛好的三個好友聚在一起，組成一個夏季限定社團。之所以限定在夏季，是因為提議組社團的時期正好是夏天，再加上我們是一群隨興的人，大概也不會持續多久。

就在我們討論要做些什麼事時，碰巧我有一台最新型的攝影機，所以我們決定用它來拍點東西。想拍電影或電視劇的話，還要準備劇本或道具這些東西，這比較困難。我們商量後打算拍一些簡單的東西，又正好是夏天，於是我們決定去一些靈異景點拍影片。

深夜，我們第一個前往的地點是某個池塘，作為京都的靈異景點是相當知名的地方。然後我們開始錄影了，我負責掌鏡，剩下的兩人則是邊聊鬼故事邊往前走。錄影開始大約十分鐘後，我聽見有人在我身後說話。我舉著攝影鏡轉過身，卻沒有看見任何人。我以為是自己的錯覺，只好繼續錄影，但還是聽見了我身後有人聲。我又轉身一看，沒有半個人。我突然害怕了起來，兩個朋友也說他們感覺不太舒服，我們便打道回府了。

回到獨自居住的房子後，雖然心裡很害怕，但我抵擋不住好奇心，忍不住把今天錄下的影片拿出來看看。在我聽到聲響轉過身的那一幕，畫面裡出現了兩個人的身影。而我第二次轉身的時候，人影更加清晰了。我嚇得直奔廁所躲起來，接著我隱約聽見廁所外面似乎有交談聲。雖然聽不清楚內容，但顯然就是在攝影中聽到的聲音，而且聲音越來越清晰。

一個男人的聲音說道：「喂喂喂，你能聽見我說話吧？快點從廁所裡出來吧。」我問：「你是誰？」對方便回答：「你果然聽得見嘛。別怕，快出來。」或許是因為聲音聽得很清楚，而且對方的語氣很溫和，我心中的恐懼竟然神奇地緩解了。於是我輕輕打開廁所的門，往房間裡看去，發現那裡站著兩個西裝革履的男人。

「你好。」兩個男人客氣地向我打招呼，所以我也不由自主地回應：「你們好。」接著我才發現他們兩個都有點透明。儘管如此，我內心的恐懼卻進一步消退了。

「你們是什麼人？」聽見我這麼問，他們才接著說：「你果然看得見我們呢。幾年前，我們因病去世了。碰巧去那座池塘的時候，剛好站在你身後，看見你拿攝影機朝著我們這個方向，想說你應該是看得見的人就跟過來了。」

雖然他們都已經死了，但感覺起來跟活著的人沒有什麼不同。雖然有些難以置信，但我和這兩個男人一路聊到了清晨。

在那之後，兩人經常在深夜來我的房間。這種事情說出來也只會被當笑話看，所以我沒有對任何人說過這件事，但這次實在是太高興了，忍不住想告訴住持先生。

昨晚他們來我房間的時候，我接到一通打錯的電話。電話那一頭是個年輕的女生。她剛換新手機，還不熟悉操作方法，要打電話給朋友時，按錯號碼打到我這兒了。

在旁邊目睹一切的兩個幽靈告訴我：「那個女生是你以後結婚的對象。」我心想怎麼可能會有這種事，結果我又接到那個女生打來的電話了。她說上次打錯電話的時候，發現我說話帶有九州的口音，便問我是不是九州人。我承認以後，她說：「其實我也是九州人。」更巧的是我們都是來自九州的長崎。而且，她現在也住在京都市內。然後，對方就問我有沒有興趣見個面，於是我們約好見面的日期和地點，掛斷了電話。

我還得到兩個幽靈的祝福。他們告訴我：「你以後會和那個女生訂婚，一起回到九州開藥局，過著幸福快樂的生活。」

他興沖沖地這麼跟我分享這個故事。老實說，當時我對他的話半信半疑，但幾個月後，真的如幽靈們所說的，他和那個女生結婚了。而且，女方的老家正是開藥局的，現在兩人一起回到長崎經營藥局了。

準確到這種地步，我傾向相信他當初說的都是實話，但隨後發生的事讓我更確信這個故事是真的。因為那兩名男性幽靈來到我的夢裡，對我這麼說：

「我們兩個其實是他的親戚，但都在四十多歲時生病過世了。以後他就看不見我們了，請代我們祝賀他新婚快樂。」

我把這件事告訴人在九州的朋友，聽說他確實有兩名男性親戚都在四十多歲時過世。從那以後，他真的看不見幽靈了。

究竟那兩名幽靈是為了促成他的婚姻而出現的，還是一切都是巧合，現在也無從得知了。

子育飴

前面提到供奉鬼子母神的立本寺有販賣一種叫做「幽靈子育飴」的糖果。至於為什麼寺廟要賣糖果，背後有一個悲傷的故事。

從前從前，京都的東山有間糖果店。某天晚上，店家打烊後，聽見一個女子的聲音說：「請給我糖果。」老闆打開門出去一看，一個長髮凌亂的女子站在那裡。她臉色蒼白，掏出零錢說：「請給我糖果。」老闆雖然覺得她有些可疑，但女子的眼裡流露著悲傷，他心想對方可能有什麼難言之隱，就把糖果賣給她了。

第二天晚上，店家打烊後，昨天的女子又帶著零錢來了，「請給我糖果。」就這樣持續了六天。女子第七天晚上前來時，這次和過去幾天不一樣，她手裡拿著的是一件和服。接著她說：「我已經沒有錢了，可以讓我用這件和服換一些糖果嗎？」老闆並沒有過問太多，心想女子肯定是有什麼苦衷，就收下和服，把糖果給她了。隔天，老闆在店門口晾昨晚拿到的和服時，「請問你是在哪裡拿到這件和服的？」一名衣著講究的男子向他搭話詢問。

老闆便把昨晚的事情告訴男子，男子非常驚訝地說：「我女兒前幾天過世了，這件和服是我放在她棺材裡面的東西。」一時之間，老闆也不知道如何是好，決定跟男子一起去他女兒的墳墓一趟。然後，他們聽見了墳墓底下傳來嬰兒的哭聲。兩人連忙挖開墳墓打開棺材，發現她的女兒抱著剛出生的嬰兒。而嬰兒手裡拿的正是糖果店賣的糖果。

這個故事發生在日本還以土葬為主的時代。臨盆前過世的女子在進棺材後，沒有母乳可以餵給剛出生的嬰兒，所以化作幽靈去買了糖果給她的孩子吃。後來，這個孩子成為一名道高望重的僧侶，持續供養他的母親。這間糖果店至今仍在京都的東山販賣糖果。

我也有過與這個故事類似的經歷。

有一天晚上，我在滋賀縣辦完事，載著內人回京都的路上發生了這樣的奇遇。從滋賀縣開進京都，開到東山附近時，內人突然說：「那個小姐大半夜的在做什麼呀？她是不是有東西掉了呀？我們調頭回去幫她一起找吧。」

我並沒有看見那名女子，但如果是要找東西的話，我們也可以幫忙找，於是我們便調頭回去了。女子似乎是在找人，一直喊著對方的名字。我把車停在附近，正當我和內人要走上前和女子搭話時，突然冒出一個小孩抱住了那名女子。原來她剛剛是在找她的孩子。然後母子倆手牽手一起走掉了。

我和內人看著他們離去的背影，內心正覺得慶幸時，那對母子從馬路上飄了起來，消失在空中。我和內人互看一眼，立刻回到車上。

隔天，內人看報紙看到一半突然慌慌張張地拿來給我看。報導中寫道，在我們看到那對母子的地方，有個母親開車載著孩子發生了車禍，母親人在車內，孩子被甩出車外，雙雙傷重不治身亡。昨晚我們遇到的應該就是這對母子吧。得知這件事後，我和內人一起為兩人祈求冥福。

巧合的是，這兩個故事都剛好發生在京都的東山。每次經過這條路的時候，我總是會想。即使變成幽靈也掛念著孩子的母親們，看見那些虐待兒童的新聞，心裡不知作何感想呢？

地藏菩薩

走在京都的街道上，每三十分鐘一定會經過一尊地藏菩薩。這裡可能是全日本擁有最多地藏菩薩的城市吧。而且，為了避免石像遭到風吹日曬雨淋，每一尊地藏菩薩都設有祠。更厲害的是，為了不讓祠受損，特地為祠加蓋祠的情況也不少見。

在盂蘭盆節期間，還有另一個叫做「地藏盆」的活動，會召集鎮上的孩子與法師一起參拜地藏菩薩，不光是在京都，關西地區仍有許多地方存在著這樣的習俗。這次要和大家分享的就是關於地藏盆的故事。

每到了地藏盆時期，我就會去各個城鎮，與當地的居民及孩童一起為地藏菩薩誦經。誦經結束後，孩子們拿到點心和玩具就會各自去玩了。大多數孩子都是為了這個而來的。

那一天，結束地藏盆的誦經後，得到點心和玩具的孩子們在附近玩耍，而我則是和町內的居民喝茶聊天談笑。

這時，孩子們突然吵吵嚷嚷了起來，「地藏菩薩的臉出現裂痕了！」仔細一看，石像臉上的確出現了剛才還沒有的裂痕。據孩子們的說法，他們忽然聽見「啪」的一聲，石像的臉上就出現裂痕了。

町內會的幹部們正好都有出席，現場討論出來的結論是：「只是出現一點裂痕的話，就先維持這樣沒關係。」但老人會的長輩聽了這番話卻強烈反對。他們堅持要立刻建造新的地藏菩薩石像，否則後果會不堪設想。然而，町內會的幹部們表示：「町內會的會費已經有其他用途的規畫了，所以沒辦法。」雙方爭持不下。但畢竟還有孩子們在場，這樣下去場面不太好看，我便插嘴詢問：

「老人會幾位長輩說的『後果不堪設想』，指的是什麼事呢？」

「會發生火災。以前也有過一模一樣的事，當時也是說過一陣子再找時間修復就放著不管了，那一年就有三棟房子被燒光了。」他們這麼告訴我。

聽完這番話，町內會的幹部只說：「那今年只要比往年更小心火災就好了，地藏菩薩跟火災沒有什麼直接關聯吧。」聽起來是不打算在今年修復了。我還要接著去下一個城鎮的地藏盆，這件事只聽到這裡，我就先行離開了。後來，我出於好奇又去了那個町詢問，聽說今年打算就這麼維持原樣了。

入冬後，就在我都快忘記這件事的某一天，町內的一家紡織廠在深夜裡發生大火，火勢蔓延到另一棟民宅。

幾個星期後，町內會會長聯繫我：「請您馬上過來一趟。」當我抵達時，町內會的幹部和老人會的成員都在場。

「法師先生，我們想麻煩您幫忙誦經。」他們將我帶到當時的地藏菩薩面前。令人驚訝的是，地藏菩薩的石像烏漆墨黑的。就算在同一個町內，祠裡面的地藏菩薩石像也不至於被燻黑成這樣。然後，町內會會長對一臉吃驚的我說：

「那天深夜的火災，有個孩子沒來得及逃出來。但神奇的是，只有那個孩子所在的房間沒有被燒毀，孩子也安然無恙。獲救的孩子說，他夢見自己和地藏菩薩玩耍，甚至沒有察覺到火災。聽完以後，我突然想起這尊地藏菩薩便過來一看，就已經變成這樣了。」

他的聲音微微顫抖著。

當天，町內立刻決定要重新打造地藏菩薩的石像。現在那裡供奉著三尊地藏菩薩，其中兩尊是黑色的，但每年一到盂蘭盆節期間，孩子們就會為祂們妝點上色彩。

京都為什麼會有這麼多地藏菩薩的石像，目前還沒有明確的解釋。但毫無疑問的是祂們一直在守護著居民們。

大家覺得怎麼樣呢？看完這些故事後，是不是能明白為什麼我會說「京都的過去仍然深深地影響著現在」呢？不過，或許不是只有京都才這樣。

「過去的行為造就了今天的自己，而現在的行為將會造就未來的自己。」經文中有一句話是這麼說的。

我們現在幸福或不幸福都是過去的行為造成的結果。所以，為了讓未來的我們是幸福的，我們必須檢視並改正自己現在的行為。我認為，活在現在的我們必須做好事，留給未來的子孫一個美好的未來，這也是我們這些即將成為過去的人該履行的義務和責任。

後記

「從前從前……」以這句話為開頭的民間故事讓我學到了很多教訓。小時候我是真的相信說謊會被拔舌頭。但隨著年紀增長，我明白了即使說謊，舌頭也不會被拔掉。

在這個科學無所不能的世界裡，我們已經忘記了「看不見的東西」的存在。然而，成為僧侶後，我了解到世界上有很多看不見的東西是不容忽視的。

比方說，「心」。

當我問：「你有心嗎？」對方總是會回答：「我當然有心了。」我接著又問：「那你的心是什麼顏色？什麼形狀？在哪裡呢？」卻沒有人能給出一個令人信服的答案。大家對於自己「有心」這件事堅信不疑，但從來沒見過它實際的樣子。就算可以透過科學揭開心的結構。但無論科學再怎麼進步，也無法解釋為什麼我們與生俱來就擁有心。

人，為什麼要活著？我認為其中一個目的是「證明自己的存在」。孩子們努力在考試中取得好成績，是因為想獲得父母或老師的認可。那我們認真工作是不是也渴望能得到別人的認可呢？不只是我們活著的人會有這種念頭，或許過世的人們也會渴望「存在的證明」。

「我在這裡啊……」

平成二十三年初夏　於京都蓮久寺

三木大雲

京都怪奇談

怪談和尚の京都怪奇譚

作　　者　三木大雲
譯　　者　林以庭
主　　編　林玟萱

總 編 輯　李映慧
執 行 長　陳旭華（steve@bookrep.com.tw）

出　　版　大牌出版 / 遠足文化事業股份有限公司
發　　行　遠足文化事業股份有限公司（讀書共和國出版集團）
地　　址　23141 新北市新店區民權路 108-2 號 9 樓
電　　話　+886-2-2218-1417
郵撥帳號　19504465 遠足文化事業股份有限公司

封面設計　許晉維
排　　版　新鑫電腦排版工作室
印　　製　成陽印刷股份有限公司
法律顧問　華洋法律事務所　蘇文生律師

定　　價　380 元
初　　版　2023 年 04 月

有著作權　侵害必究（缺頁或破損請寄回更換）
本書僅代表作者言論，不代表本公司／出版集團之立場與意見

KAIDAN OSHO NO KYOTO KAIKI-TAN by MIKI Daiun
Copyright © 2011 MIKI Daiun
All rights reserved.
Original Japanese edition published by Bungeishunju Ltd., in 2011.
Chinese (in complex character only) translation rights in Taiwan reserved by Streamer Publishing House, an imprint of Walkers Cultural Co.,Ltd. under the license granted by MIKI Daiun, Japan arranged with Bungeishunju Ltd., Japan through AMANN CO. LTD., Taiwan.
Images in context：Flaticon.com

電子書 E-ISBN
9786267305126（EPUB）
9786267305119（PDF）

國家圖書館出版品預行編目資料

京都怪奇談 / 三木大雲 著 ; 林以庭 譯 . -- 初版 . -- 新北市 : 大牌出版 , 遠足文化發行 , 2023.04
224 面 ;14.8×21 公分
譯自 : 怪談和尚の京都怪奇譚
ISBN 978-626-7305-08-9 (平裝)
1. 民間故事　2. 日本京都市

539.531　　　　112002766